Gerald Jaksche
Zu Fuß von Assisi nach Mainz

Gerald Jaksche

Zu Fuß von Assisi nach Mainz

Das Tagebuch meiner Pilgerreise

Mit einer Einführung von Anton Rottzetter OFM Cap

benno

Bibliografische Information Der Deutschen Bibliothek
Die Deutsche Bibliothek verzeichnet diese Publikation
in der Deutschen Nationalbibliografie;
detaillierte bibliografische Daten sind im Internet über
http://dnb.ddb.de abrufbar.

ISBN 3-7462-1992-2

Stammerstr. 11, 04159 Leipzig
www.st-benno.de
www.vivat.de
Umschlaggestaltung: Ulrike Vetter, Leipzig, unter Verwendung eines
Motivs von G. Rossenbach/zefaimages, Düsseldorf
Gesamtherstellung: Kontext, Lemsel

INHALT

ZUM GELEIT

Pilgrim

Leise Weise kleiner Meise
geigt und reigt um meine Reise
durch den grünen, großen Wald.
Liebeslieder liegen linde
in dem lichten Lenzgewinde,
und die Schwalben kommen bald:
Bauen an des Dorfes Dächern
Nest an Nest mit Brautgemächern.

Ich nur hab kein Nest –
und reise durch das Feld, im Lied der Meise.
J. K. Scheuber, Singendes Land, Luzern 1955, 57

Dieses höchst lyrische, ja musikalische und lautmalerische Gedicht eines Schriftstellers, der in der Schweiz als „Pilgrim“ eine 55 Jahre lange Medienpräsenz hatte, möchte ich an den Anfang dieses Geleitwortes stellen.
Es erinnert zunächst an Jesus von Nazaret, der von sich sagte, dass die Vögel ihre Nester und die Füchse ihre Höhlen haben, er selbst aber, der Menschensohn, habe nichts, worauf er sein Haupt legen könnte (Mt 8,20). Das ist das persönliche Schicksal Jesu und die Bestimmung aller, die ihm folgen. Aber eigentlich gilt das noch viel grundsätzlicher: Der Mensch hat letztlich kein Nest, keine Heimat, die ihm genügt. Er ist immer mehr als Welt, nirgendwo kann er sich

wirklich niederlassen, ohne dass er an seinem Menschsein leidet. Es sind ihm höhere Ziele gesetzt, der dreifaltige Gott – „und unruhig ist unser Herz, bis es ruhet in Dir“ (Augustinus). „Pilger und Fremdlinge“ (Petr 1,11) sind wir auf Erden, „unser Bürgerrecht“ ist im Himmel (Eph 2,14).
Das Gedicht erinnert dann aber auch an Franz von Assisi, der wie kein anderer begriffen hat, was in Jesus an Göttlichem und Menschlichem zur Sprache kommt. Haben dem Poverello von Assisi nicht alle Vögel ihre Laute, ihre gedehnten „ei“, ihre spitzen „i“ und ihre dunklen „a“ entgegengesungen? Hat ihm nicht die Kapuzenlerche von der doppelten Existenz des Menschen gezwitschert: Erde und Himmel, Verhaftetsein in der Ackerscholle und Höhenflug? Hat ihm nicht die Grille die ganze bräutliche Liebe entgegengezirpt und von der erotischen Faszination erzählt, die Gott in die Schöpfung hineingelegt hat? Brautgemächer für Schwalben, aber nicht für Menschen! Auch die Liebe von Mann und Frau hat nur Bestand, wenn sie in einem Größeren beheimatet ist. So bleibt dem Menschen nichts anderes übrig, als im Lied der Meise zu reisen – immerzu!
Franziskus machte das zu seinem Beruf, mehr noch: es war seine Berufung, von Ort zu Ort zu wandern und sich nirgendwo niederzulassen, zu bleiben – es sei denn für eine ganz kurze, überschaubare Zeit. Sonst war er Barfüßer und wollte, nackt über den nackten Boden gehend, von der Erde lernen: das Zeitmaß, die Sanftheit, die Härte, die Treue, Notwendigkeit und Freiheit, Zwang und Freude. Abhängig wollte er sein von dem, was ihm die Erde und die Güte der Menschen anboten. Arm wollte er sein – und nur von der Vorsehung des gütigen Vaters leben, der ja auch die Vögel des Himmels so gut versorgt.
Im vorliegenden Buch nun ist von Erfahrungen die Rede, die Menschen machen konnten, die vorübergehend ihre Wohlbe-

stalltheit aufgaben, um etwas von der tatsächlichen Befindlichkeit unseres Menschseins zu erfahren. Von Ort zu Ort gehen, weil wir, wenn wir es denn wirklich bedenken, hier auf dieser Erde keine endgültige Wohnstatt haben: wir müssen sterben, wir dürfen über die Erde hinauswachsen – in den Himmel hinein. Der Weg als Übung, um das Innere auszuloten, unsere Abhängigkeit zu bejahen, unsere Grenzen zu spüren, uns in einem größeren, letztgültigen Zusammenhang zu erfahren. Zu allen Zeiten haben Menschen diese Übung gewagt. Heute ist sie problematisch geworden. Der Erfahrungsbericht weiß das, die beteiligten Pilger bringen es selbst zur Sprache.

In der christlichen Tradition gibt es drei Formen des heimatlosen Wanderns:

– die Wallfahrt: der Mensch verlässt seine Heimat, seine engen Grenzen, und wandert auf ein ganz bestimmtes Ziel zu: an das Grab Jesu oder eines Heiligen; an einen Ort, wo ein Wunder geschah, eine Erscheinung oder sonst ein auffallendes Ereignis. Meistens befindet sich dieses Ziel weit entfernt von der Heimat, jenseits der Landesgrenzen, vielleicht sogar, wie im Fall des Jakobusweges, am „Ende der Welt": finis terrae – so heißt der Ort am Meer, unweit von Santiago, tausend Jahre lang das Ziel Europas.

– das ziellose Herumziehen durch die Welt: der Weg um des Weges willen, wichtig ist, dass man nirgendwo zuhause sein will. Heute hier, morgen dort, nirgendwo zwei Nächte in Folge. Es ist der Weg vieler heiliger Narren – auch der Weg des Franziskus ist weitgehend so motiviert. „Die Brüder sollen durch die Welt ziehen", sagt er.

– die „peregrinatio Christi", die Nachahmung Christi, der heimatlos von der ewigen Heimat in Gott Zeugnis ablegte und das Reich Gottes verkündete. Das war das Motiv, das die iroschottischen Mönche bewogen hat, ihre Heimat zu verlas-

sen, um das Festland Europas zu missionieren: Kolumban, Gallus, Bonifatius ... Vielleicht kann man auch die franziskanischen Missionsreisen nach Deutschland und anderswohin hier einordnen.
Wo aber ist die Pilgerschaft einzuordnen, von dem dieses Buch erzählt? Wallfahrt ist es nicht, denn das Ziel wird zum Ausgangspunkt (Assisi). Ziellosigkeit ist es auch nicht, denn die Pilger kehren nach Hause zurück, machen aber Erfahrungen, die mit der Übung des Wanderns an sich verbunden sind. „Peregrinatio Christi“ ist es im Ansatz – denn man will bewusst den Weg der ersten Franziskanermissionare nach Deutschland nachempfinden. Ist es das auch am Ende? Dann müsste aber ganz bewusst Gott und sein Reich verkündet werden. Und vielleicht ist das ja der Sinn dieses Buches.

Altdorf, im Juli 2005
Anton Rotzetter

PILGERWEG ASSISI – MAINZ 1994 – 2000

Assisi und der heilige Franz haben mich in den Jahren 1982-1990 besonders geprägt. Viele Male fuhr ich für eine Woche mit Gruppen dorthin, einmal sogar allein, wo ich in der Waldeinsamkeit auf dem Monte Subasio im alten Benediktinerkloster noch aus Franzens Zeiten lebte. Doch mehr und mehr stellte ich fest, dass „mein Assisi" zu Hause ist. Dort, wo mich Gott hingestellt hat, soll ich das verwirklichen, was dieser Arme aus Assisi so beispielhaft vorgelebt hat. Es erwuchs die Idee, das Erlebte von diesem Heils-Ort regelrecht im Rucksack nach Hause zu tragen, also im Pilgern.
Der zweite Impuls kam durch das Auffinden des Jordan-Berichtes über die gelungene Franziskanermission 1221 nach Deutschland, den ich mir aus dem Klosterarchiv von Fulda (Frauenberg) zuschicken ließ. Das war es, was ich suchte. Hier wurde von dem Franziskanerbruder Jordan von Giano aus dem Spoletotal im Jahre 1262 genau beschrieben, wie die ersten Brüder, 25 an der Zahl, von Trient, dem ersten Sammelplatz aus über den Brenner, Augsburg, Würzburg, nach Mainz kamen. Cäsarius von Speyer war der Leiter der Mission. Priester und Laienbrüder gehörten der Pilgergruppe an.
So war es für mich naheliegend, die gleiche Wegstrecke, so wie sie von Jordan beschrieben war, unter etwa den gleichen Bedingungen nachzugehen. Von daher zögerte ich auch gar nicht lange: Dies musste ein Bettelweg sein, so wie damals

mit den Franziskusbrüdern, denn die hatten ja auch keine materielle Absicherung mit auf den Weg nehmen können. Jordan nahm an der Franziskaner- Mission selbst teil, und so wurde er, bereits betagt, 41 Jahre danach von den Franziskusbrüdern auf dem Provinzkapitel in Halberstadt gebeten, seine Erinnerungen aufzuschreiben. Das faszinierte mich natürlich, weil er die Route genau beschrieb und die Bedingungen, unter denen die Brüder nach Germanien kamen.
Ein drittes Motiv war das Pilgern schlechthin. Ich hatte bis zu den Anfängen darin keinerlei Erfahrung. Ich wusste nicht, was es heißt, sich auf die Fügung Gottes einzulassen auf so einer langen Strecke über 1 300 Kilometer in so verschiedenen Ländern und Gegenden. Dazu die Erschwernis mit dem Betteln als eine zusätzliche Herausforderung. Die auf sich zu nehmen, das wollte ich einfach ausprobieren. Mir war klar, dass so ein Pilgerweg mich selbst verändern würde und dass die Auswirkungen auf meinen persönlichen Lebensstil nicht ausbleiben würden.
So entschloss ich mich im Frühjahr 1992 zu dem Fuß-Pilgerweg Assisi-Mainz. Kein Pilgerführer, kein detailliertes Kartenmaterial, auf nichts konnte ich zurückgreifen. Natürlich wollte ich den Weg zunächst in einem Stück zurücklegen, und ich setzte dafür etwa drei Monate Laufzeit an. Sonntags sollte geruht werden. Doch mein Arbeitgeber gab mir hierfür keinen Sonderurlaub, obwohl mich die Schulen, die Pfarrgemeinde und der Bischöfliche Beauftragte dafür freistellen wollten. Verärgert darüber entschloss ich mich, nicht mehr anzutreten. „Entweder auf einmal oder gar nicht“, war meine trotzige Reaktion.
Erst als später ein Bekannter von dem Pilgerweg erfuhr und mitgehen wollte, überlegte ich neu und dachte, lieber in Etappen gehen als gar nicht. So holte ich erneut das Kartenmaterial hervor und teilte die Strecke in sieben Teile ein,

gemäß der heiligen Zahl. Ich kam somit auf 180–200 km pro Etappe und, wiederum auf sieben Tage unterteilt, auf einen Tagessatz von 25–30 Kilometern. Würde ich so etwas schaffen mit Gepäck? Ich trainierte hier im Odenwald einen Tagesweg, zuerst nur mit den reinen Kilometern und dann unter Bettelbedingungen. Eine Frau in einer Bäckerei, die so freundlich etwas gab, war für mich ein Zeichen Gottes, dass ich es wagen sollte. So kam es zu einem Testweg im Sommer 1992 von Worms nach Würzburg unter den vorgesehenen Bedingungen: Etwa 225 km und als Bettelweg. Einen Mann aus Worms konnte ich dafür gewinnen.

Im Wormser Dom fingen wir an, am Franziskanerkloster in Würzburg hörten wir auf. Ich war überrascht über die Gebebereitschaft der Leute. Es war ein richtiger Pilgerweg mit viel Gebet, vielen Gottesdiensten, viel Schweigen und Betrachtung. Dieser gelungene Testweg ermutigte mich, nach einem Jahr Pause 1994 im August in Assisi anzufangen mit der ersten Etappe, die bis Florenz führte. Zu viert gingen wir los, leider haben zwei davon mittendrin abgebrochen. Ich war der einzige, der die Strecke durchgelaufen war. Trotzdem waren die anderen ganz wichtig für den Anfang. Die zweite Etappe 1995 führte von Florenz bis Mirandola, die dritte 1996 von Mirandola bis Trient, die vierte 1997 von Trient bis Innsbruck, die fünfte 1998 von Innsbruck bis Augsburg, die sechste 1999 von Augsburg bis Würzburg und die siebte und letzte im Jahre 2000 von Würzburg bis Mainz, dem endgültigen Ziel. Am 4. Oktober im Heiligen Jahr, dem Franziskustag, wollte ich in Mainz sein, und dank der Gnade Gottes kamen wir ja an diesem Tag auch rechtzeitig zu Mittag an.

Die Mitpilger wechselten. Nach dem biblischen Befund sind wir mindestens je zu Zweien gezogen, lediglich die Strecke von Trient nach Innsbruck, also die Alpenüberquerung am

Brenner, musste ich allein gehen, weil der vorgesehene Mitpilger kurzfristig ausfiel. Es gab immer einen Eingewöhnungstag und einen Ausgewöhnungstag mit Übernachtung, die wir noch normal bezahlten. Am ersten Pilgertag, beginnend immer in einer Kirche bzw. in einem Dom, musste symbolhaft das Geld im Opferstock abgegeben werden. Es galt, sich sieben bzw. acht Tage darauf einzulassen, was uns die Leute an Essen, Trinken und an Übernachtung gaben. 97-98 % der angesprochenen Menschen haben gegeben, das ist eine hohe Zahl. In Deutschland genauso wie in Österreich und Italien. Lediglich in den reicheren Landesabschnitten wie Norditalien ließ die Gebebereitschaft etwas nach.

Es war ein Pilgerweg, ein religiöses Unternehmen, keine normale Wandertour. Nur darin liegt für mich das Gelingen dieser außergewöhnlichen „Mission". Das Betteln war der schwierigere Teil, besonders für die mitpilgernden Teilnehmer. Ich war hochmotiviert, wollte auf alle Fälle durchhalten und trainierte das ganze Jahr über täglich eine halbe Stunde lang. Eine Tagesesttour einige Wochen vor der jeweiligen Etappe war Voraussetzung für jeden Weg.

Wir gingen geographisch immer dort los, wo wir im Jahr zuvor aufgehört hatten. Auch zeitlich fingen wir wieder in etwa am Endpunkt an. 50 Tage währte insgesamt der Pilgerweg, mit sechs Etappen a 7 Tagen und einer, der Strecke Augsburg-Würzburg, in 8 Tagen. Das ging nur bei einem straffen Tagespensum von mindestens 25 Kilometern. 32-33 km war das Äußerste, was wir mit dem Gepäck durchzuhalten imstande waren. Danach wurden die Beine schwer und der Körper müde.

Es war die franziskanische Form einer freiwillig gewählten Armut, begrenzt auf einige Tage. Nur wer nichts in der Tasche und wenig im Rucksack hat, kein Geld und keine andere materielle Absicherung, spürt die Abhängigkeit von anderen beim Betteln. Diese totale Abhängigkeit in einer Welt der Absicherungen sich einzugestehen lernen, das war der eigentlich kritische Punkt. Wir durften nur das erbitten, was wir im Moment dringend brauchten. Das sah jeden Tag und jede Stunde anders aus. Mal war es Wasser, ein kräftiges Mittagessen, mal eine warme Stube bei Regen und Kälte, jeden Tag ein Dach über dem Kopf. Wir schliefen in Pfarrhäusern, Garagen, auf Campingplätzen, bei Familien, in Klöstern, in Kindergärten und in Pensionen. Nur einmal mussten wir an einem Eingewöhnungstag im Freien schlafen, weil man unsere bestellte Übernachtung vergessen hatte. Es bestand zwar eine Tages-Etappeneinteilung, aber wo wir genau am Abend ankommen würden, wussten wir vorher nicht.

Am Anfang einer Etappe gab es immer einen Aussendungsgottesdienst und am Ende einen Dankgottesdienst. Dazwischen beteten wir das klösterliche Stundengebet. Wenn es möglich war, nahmen wir an einer Eucharistiefeier teil. In fast jeder Kirche hielten wir inne in Stille und Betrachtung. Der Pilgerweg selber war ein spiritueller Besinnungs-Weg mit viel Schweigezeiten. Unterwegs kamen wir mit vielen Leuten ins Gespräch. So entstand mit der Zeit ein ganzes Netz von Pilgerwegs-Beteiligten, mit denen wir heute noch in Verbindung stehen. Wir waren nicht nur Nehmende, sondern sehr oft auch Gebende.

Jede Etappe hatte ein Thema, ein Armuts-Thema in Deutschland bzw. Europa, auf das wir aufmerksam machten, auch durch aufgedruckte Tücher am Rucksack. Wir gedachten der Nichtsesshaften auf der ersten Etappe (1994), der vom Bosnienkrieg geschundenen Menschen in Sebrenica (1995), der gequälten Tiere (1996), der getrennten Christen (1997), der zerstörten Bergregionen (1998), des ungeborenen Lebens im Mutterleib (1999) und der Suchtgefahren (2000).

Wir gerieten niemals in irgendeine Gefahr und sind jedes Mal alle gesund und heil nach Hause gekommen. Dafür danke ich Gott zuallererst. Wir danken den vielen Menschen, die uns etwas gaben. Ich danke allen Mitpilgern, die mich begleitet haben, allen bei der Vorbereitung und Durchführung, auch den Medien für die vielen Berichte in den sieben Jahren. Danke meinem italienischen Diakon-Mitbruder Beniamino Manca aus Bastia (nahe Assisi) für die einzelnen Übersetzungszettel für unterwegs, die sehr zur Verständigung beigetragen haben. Nicht zuletzt danke ich meiner Frau, für die es nicht leicht war, mich auf den „Weg zu lassen". Sie hat sich sehr eingesetzt und den Weg innerlich mitbegleitet.

Michelstadt-Rehbach, den 10. Dezember 2004
(10 Jahre nach der ersten Etappe)

ERSTE ETAPPE: ASSISI – FLORENZ

Sonntag, 14. – Samstag, 20. August 1994
ca. 190 km = 6,5 Wandertage

SAMSTAG, 13. AUGUST:

Da sitzen wir nun, vier Männer ganz unterschiedlichen Alters, im Zug von Florenz nach Assisi: Jean Marie, der Jüngste, ich als der Älteste und Matthias und Jörg dazwischen. Wir haben einander nicht ausgesucht, sondern was uns verbindet, ist eine franziskanische Gruppe, über die direkt oder indirekt eine Verbindung zur startenden Pilger-Männer-Gruppe besteht.

„Warum nur Männer“ wurde ich mehrmals gefragt, „und nicht auch Frauen, die ja auch geeignet wären für ein derartiges Pilger-Unternehmen.“ „Mit Frauen hätte die Latte der Belastungen noch höher gelegen“, war stets meine Antwort. „Und außerdem bestand die erste Franziskanermission 1221, als sie nach Deutschland über die Alpen kam, auch nur aus Brüdern“, fügte ich hinzu. Ob das die Fragesteller zufrieden stellte? Ich weiß es nicht. Jedenfalls kommt in mir keine innere Unruhe auf, weil ich mich privat, als Diakon und Angehöriger des Dritten franziskanischen Ordens immer für die Rechte der Frauen in Kirche und Gesellschaft einsetzte. Dies war also keine Zurückstellung gegenüber den lieben Mitschwestern.

Recht schweigsam blicken wir uns im Zug an, die vier Assisi-Pilger, die sich viel vorgenommen haben, nämlich zu Fuß und bettelnd mit dem Rucksack 190 km durch Umbrien und die Toscana zu ziehen, bar jedweder materiellen Absicherung. So jedenfalls war der Pilgerweg ausgeschrieben, und ich gehe davon aus, dass dies nach einigen Vortreffen auch allen bewusst war. „Es muss alles Geld abgegeben werden, wir wollen sieben Tage von dem leben, was uns die Menschen geben“, so ermahne ich die Mitpilger vor der Abreise. Und gemäß einer Testtour, die in Deutschland zwei Jahre vor diesem Start unter den gleichen Voraussetzungen erfolgreich verlief, bin ich voller Hoffnung, dass der Assisi-Mainz-Weg auch erneut gelingen würde.

Über uns liegen die Rucksäcke in Reih und Glied im Gepäcknetz der italienischen, recht einfach ausgestatteten Waggons. Was mag wohl in jedem Rucksack drin sein? Nichts Überflüssiges wollten wir mitnehmen, aber auch nichts weglassen, was unbedingt gebraucht wird. Ein dehnbarer Begriff, den jeder für sich ausmachen musste. Ich hatte 7 kg mit meinem Rucksack bei der Abreise auf die Apothekerwaage meines Schwagers gebracht. Sieben, das ist eine heilige Zahl, denke ich und bin voller Zuversicht, dass mir der Rücksack nicht zu schwer wird. Schlafsack und Isomatte, Wasch- und Rasierzeug, zwei Handtücher sowie Medikamente und Schreibmaterial für meine Notizen habe ich eingepackt. Dazu ein zweites Hemd, Unterwäsche zum Wechseln, ein zweites paar Strümpfe, Teller und Messer, vor allem eine Trinkflasche und Regenzeug sind dabei. Es wird sich herausstellen, was ich brauche und was zu viel ist. Immerhin habe ich ja bereits Erfahrungen beim Test-Pilgerweg gesammelt. Die einzige Absicherung: Ein Auslandskrankenschein und eine Telefonkarte, um ein- allenfalls zweimal zu Hause anrufen zu können.

Eine sanft-hügelige Landschaft breitet sich aus dem Zugfenster vor uns aus inmitten der Toscana. Wieviele Male bin ich

diese Strecke schon gefahren: Mit dem Auto, und mit dem Zug. Ich weiß, wo der Übergang zu Umbrien, dem Land des heiligen Franziskus, auszumachen ist. Es sind die spitzförmigen Zypressen, die in Reih und Glied die Felder durchziehen, die nach Umbrien hin immer weniger werden. Der Appenin rückt seitlich der Bahnlinie näher und die ebenen Täler werden flacher. Das alles werden wir schon ab morgen zu Fuß zurücklegen. Was die Technik mit ein paar Stunden Bahnfahrt ermöglicht, dazu braucht der Mensch mehrere Tage mit viel Anstrengung und Schweiß. Aber wir wollten es ja so. Lange hatte ich diesen Pilgerweg etappenweise geplant, und nun ist es soweit: Arezzo und Torontola durchfahren wir, der Trasimenische See liegt ganz flach wie ein Brett in der glitzernden Mittagssonne. Ich schaue zum Fenster und sehe die Isola -Maggiore, jene Insel, auf der der hl. Franziskus eine 40-tägige Fastenzeit verbracht haben soll. Auch hier werden wir zurückzu vorbeigehen, zu Fuß in dieser herrlichen, umbrischen Landschaft.
Und nun Assisi, die Stadt des Franziskus, die nach Perugia schon von weitem sichtbar ist und sich wie ein Wurm um den Ausläufer des Monte Subasio schlängelt. Die „Stadt auf dem Berge“, das zweite Jerusalem, das von dem zweiten Christus geprägt ist, nämlich dem Tuchhändlersohn Franziskus, den man auch als den Poverello, den „Armen“ schlechthin bezeichnet. Wieviele tausend Pilger mag diese Stadt schon im Laufe der Jahrhunderte gesehen haben? Und nun kommen auch wir und wollen den Weg der ersten Franziskaner nachgehen, 773 Jahre nach der gelungenen Alpenüberquerung. Vermutlich hat dies bisher niemand mehr getan, von Assisi bis nach Deutschland zu gehen, gemäß dem Jordan-Bericht von 1262, den er für seine Brüder auf dem Provinzkapitel in Halberstadt dem Bruder Balduin von Brandenburg diktierte.

Das ist der eigentliche Grund unseres Pilgerweges, nämlich die Franziskanerroute von 1221 nachgehen unter etwa gleichen Bedingungen. Ob die 25 Minderbrüder damals barfuß gingen, lässt sich heute nur vermuten. Ich ließ mir jedenfalls sagen, dass es üblich war, Stoffflicken unter die Füße zu binden. Aber vielleicht ist es doch möglich, barfuß eine längere Strecke zurückzulegen. Ich sehe mich jedenfalls dazu nicht imstande, und ich würde nach einigen Kilometern gleich Blasen bekommen. Mein gut eingelaufenes Schuhwerk an den Füßen, von einer Firma kostenlos für dieses Unternehmen zur Verfügung gestellt, sollte mich jedenfalls vor Blasen bewahren.
Es ist 13.47 Uhr, als wir in Assisi am Bahnhof vor der großen Kuppelkirche Santa Maria degli Angeli ankommen. Wir gehen sogleich zu dieser Kirche, um den „ Engel des Herrn" zu beten. In dem Mammutbau befindet sich jenes kleine Kirchlein, das für Franziskus zum Sendungsort seiner Armutsbewegung wurde. Hier las der Priester bei der hl. Messe am 24. Februar 1209 jene Stelle mit der Aussendungsrede (Lk 9,1-6) vor, wo Jesus seine Jünger beauftragt, zu zweit hinauszuziehen, um das Evangelium zu verkünden, ohne Geld und in Armut, ohne Stab und ohne Vorratstasche. Hier liegt der Schlüssel der franziskanischen Wander- und Pilgertätigkeit. Ich lege großen Wert darauf, dass wir in allen Etappen mindestens je zu zweit gemäß diesem Sendungsauftrag Jesu losgehen. Hier an der kleinen Portiunkula- Kapelle, die wie ein heiliger Schrein in der dreischiffigen Kirche noch völlig erhalten dasteht, befindet sich das Verkündigungsbild mit Maria und dem Engel. So wie Franziskus hier seine Brüder an Pfingsten bei seinen Kapiteln sammelte und neu aussendete, so beginnen wir bewusst unseren Pilgerweg an diesem zentralen, franziskanischen Ort.
Als wir um die Ecke der wuchtigen Kirche hin zum Eingangstor mit unseren Rücksäcken auf dem Rücken abbiegen,

erinnert mich dieses Bild sehr an die erste Brüderschar der Gründerzeit. Nur ziehen wir los ohne Kutte und ohne Strick, wir sind ganz normal gekleidet, alle ohne Bart, und noch haben wir ja etwas Geld in der Tasche, das morgen strikt abgegeben werden muss.
Mit der heiligen Maria wollten wir den Pilgerweg beginnen, so wie wir vorige Woche beim Tages-Testweg ebenfalls an einer Marienkirche den Weg begannen. Maria steht am Anfang des Heilsgeschehens Jesu, und wir wollen uns unter ihren besonderen Schutz stellen. Die vergoldete Marienstatue an der Kirchenkuppel begleitet uns noch von weitem sichtbar bis hinauf zur Oberstadt von Assisi. Es ist heiß, die Sonne brennt in unserem Rücken, und bei Jörg zeigen sich erste Ermüdungserscheinungen, vermutlich durch seinen schweren Rucksack.
Bei der Jugendherberge angekommen, ergibt sich die erste Überraschung: Wir sind hier gar nicht angemeldet, obwohl ich doch von zu Hause die Bestätigung einer Herberge bekam. Wir fragen weiter, aber niemand weiß von unserem Kommen. In der Herberge ohne Anmeldung wird uns gesagt, wir sollten warten bis zum Abend, erst dann kann festgestellt werden, ob wir hier übernachten können.
Wir gehen zur Kirche Santa Chiara und treffen einen jungen Franzikanerpater, der in San Stefano, einem kleinen Kirchlein mitten in der Stadt, Dienst innerhalb der INFAG (Zusammenschluss aller franziskanischen Gruppen) macht. Er lädt uns dorthin zum Abendgebet ein. Wir folgen dieser Einladung und erbitten nochmals den Segen für den vor uns liegenden Pilgerweg und für die Nacht. Das alte Gemäuer stand bereits zur Zeit des Franziskus, diese Kirche muss Franziskus also neben der Portiunkula auch gekannt haben. Hier sollen einmal die Glocken geläutet haben beim Tod des Heiligen. „Du sollst ein Segen sein“, steht auf der Vorderseite

eines Liederbuches. Ich zögere nicht lange: Auch uns, auch mir gilt der Zuspruch.

Sonntag, 14. August

Erstmals schlief ich auf dem Boden in der Jugendherberge, die nur noch für drei Personen zusätzlich Platz hatte. Die drei anderen sollten sich noch schonen, dachte ich, und außerdem ist es für mich eine gute Einstimmung. Bereits beim Testweg schliefen wir ja überwiegend auf dem Fußboden. Dennoch war diese Erfahrung in Assisi neu für mich. Bei meinen vorhergehenden Reisen durfte ich immer in einem angenehmen Bett schlafen.
Frühstück, und auf geht's nach San Damiano, dem kleinen Kirchlein, wo der heilige Franz vom Gekreuzigten den Auftrag bekam, die Kirche zu erneuern. „Baue meine Kirche wieder auf, die, wie du siehst, in Trümmern liegt", hatte der Herr zu ihm gesagt. Franziskus verkaufte die Tuchballen seines Vaters, kaufte dafür Ziegelsteine und machte sich daran, das verfallene Kirchlein aufzubauen. Erst später wurde ihm klar, dass der innere Aufbau der Kirche gemeint war. Wer schon in S. Damiano war: Hier schlägt das Herz der franziskanischen Berufung. Hier lebte auch die heilige Clara, die den zweiten franziskanischen Orden gründete. Hier ist noch alles so ursprünglich wie früher. Und weil es Sonntag ist, wollen wir von diesem Ort losgehen und mit einer heiligen Messe beginnen. Wir bitten einen Franziskanerpater um den Segen. Für große Besichtigungen bleibt keine Zeit mehr. Hier ist der Anfang. Ich brenne darauf, bald loszugehen und bin richtig nervös. Allzu lange hatte ich auf diesen Moment gewartet. Allzulange hatte ich mich auf diesen Punkt vorbereitet, jahrelang, und nun ist er da. Schnell noch ein gemein-

sames Foto. Wir bitten jemanden von den Kirchgängern, uns alle Vier zu fotografieren. Ich habe keinen Fotoapparat bei mir, aber einige meiner Mitpilger möchten die Ereignisse im Bild festhalten. Das kann ich verstehen.
„Der weiteste Weg beginnt mit dem ersten Schritt“, so hörte ich es einmal, und nun wagen wir die ersten Schritte eines über sieben Jahre währenden Unternehmens. Tausende und abertausende Schritte werden wir tun, und jeder Schritt führt ein Stück weiter, dem Ziel entgegen. Aber jetzt denkt keiner an das Ziel. Wir müssen erst einmal in den Tritt kommen. Es gilt, seine Schritte auf die anderen abzustimmen, zusammenzubleiben in Sichtweite, wohl wissend, dass streckenweise der eine langsamer und der andere schneller geht. „Ist es euch bewusst, dass wir die ersten Schritte schon getan haben“, sage ich zu den anderen, als wir an „S. Masseo“ vorbeigehen, wieder einem kleinen Kirchlein, an dem eine Taizé-ähnliche Bewegung entstanden ist.
Nochmals gehen wir zur Jugendherberge, die auf der Wegstrecke noch in Assisi liegt, holen unsere Rücksäcke, und dann wird es ernst. Vorbei an „San Francesco“, dem wuchtigen Konvent, den Franziskus niemals sah, weil er erst nach seinem Tod erbaut wurde. Wir verlassen die Stadt des Poverello, drehen uns nochmals um, und dann schauen wir nach vorne, nichts als nach vorne. Es ist heiß, wir sind froh, wenn uns noch einige schattige Bäume beschützen.
Jeder trägt seinen eigenen Rucksack, so wie er ihn zu Hause bestückt hat. Keiner kann dem anderen etwas abnehmen, allenfalls in Notsituationen. Noch sprechen wir miteinander, aber dann kommen mehr und mehr die schweigsamen Zeiten, wo jeder für sich allein dahintrottet. Wichtig ist, dass der Wasservorrat stimmt. Auch da muss jeder für sich selber sorgen und muss seine Wasserflasche (ein Liter = ein Kilogramm) selbst tragen. Essensreste, die mitgenommen und

auf die Gruppe aufgeteilt werden, trägt jeder selbst. Es gibt keine „Wasserträger“ wie beim Radsport. Jeder ist sich selbst sein „Träger“, sonst sind Spannungen in der Gruppe wegen ungleicher Verteilung bald vorprogrammiert. Alles, was wir benötigen, tragen wir selbst. Es gibt keine Begleitfahrzeuge, die Lasten parallel des Weges befördern, wie es bei anderen Pilgerwegen durchaus üblich ist. Deshalb ist es wichtig, das Gewicht so gering wie möglich zu halten. Aber was ist gering, und was ist möglich und nötig?

Nach einer ausgedehnten Mittagspause an einem schattigen Plätzchen nähern wir uns Perugia, jener Stadt, in der der Heilige aus Assisi seine erste Krise zu bestehen hatte, in Gefangenschaft geriet und sein Leben danach radikal änderte. In dieser Stadt wurde die heilige Elisabeth von Papst Gregor IX. heilig gesprochen, am Hohen Pfingsttag 1235. Abgesandte des Deutschen Ordens aus Marburg sind damals eigens zu diesen Feierlichkeiten gekommen. Was für eine Stadt! Wir laufen und laufen und es nimmt kein Ende. Wir schauen nochmals zurück und sehen im Dunst weit hinter uns den Westteil von Assisi mit dem „Sacro Convento“. Einen jungen Mann am Gartenzaun bitten wir um Wasser und er gibt uns zusätzlich eine Flasche Wein. Unterwegs trinken wir keinen Alkohol, das wäre Frevel, und so nehmen wir die Flasche Wein für den Abend dankbar mit.

Es hat keinen Zweck, in einer so großen Stadt zu übernachten. Außerdem ist unser Wanderpensum von mindestens 25 km am Tag noch nicht erfüllt. Also bis zum westlichen Stadtrand weitergehen. Matthias übernimmt die Wegführung, und es gelingt ihm auch recht gut, sich durch die vielen Straßen durchzuschlängeln. Endlich eine Kirche mit einer Pfarrgemeinde. Wir fragen einen jungen Kaplan nach einer Übernachtung. Er bespricht sich mit seinen Leuten, die um ihn versammelt sind, überwiegend junge Leute. Ohne Probleme

weist er uns einen Pfarrsaal zu, in dem wir auf dem Boden gut schlafen können.
Jetzt entsteht eine Situation, auf die ich nicht vorbereitet bin. Der Kaplan gibt uns 50 000 Lire, das sind 50 DM. Wir wollten doch eigentlich nur Naturalien, und ich bat auch darum. Ohne die Gruppe zu konsultieren, dazu gab es ja keine Möglichkeit, nehme ich das Geld. Ich denke, wir sind immerhin vier Personen, das reicht bestimmt heute Abend für ein Essen.
Und so machen wir es auch. In einer nahe gelegenen Pizzeria lassen wir es uns an diesem ersten Abend nach einem anstrengenden Wandertag, zumal überwiegend auf Landstraßen und Stadtgassen, gut schmecken. Mich überwältigt die Höflichkeit und Freundlichkeit der Leute und dieses jungen Geistlichen in „San Giovanni" in Perugia.

Montag, 15. August

Zwei Grunderfahrungen bewegen mich. Die eine mit den Leuten, die uns begegnen, die andere mit der Gruppe. Die Leute in Umbrien sind sehr freigebig, sie geben gerne und sehr viel. Sie geben mit dem Herzen. Noch bin ich der Einzige, der betteln geht, auch für die anderen. Ich habe mir vorgestellt, dass alle dazu beitragen, damit wir alle zu essen haben. Zu trinken besorgt sich ja jeder selbst, indem er ein Haus an der Straße aufsucht und um normales Wasser bittet. Gibt jemand Sprudelwasser, dann nehmen wir es selbstverständlich. Nur fragen wir bei normalem Wasser, ob es auch Trinkwasser ist. Aber dass keiner in der Gruppe betteln geht, macht mir zunehmend Sorgen. Ich kann sie ja nicht zwingen, und noch hat es ja immer gereicht. Wir sind am Trasimenischen See angelangt. Hier also soll Franziskus gefastet haben. Bei uns ist jedoch Fasten nicht am Platz. Wir müssen jeden Tag kräftig essen, damit wir den Anstrengungen gewachsen sind. Hier liegt also jener See, den wir bereits vom Zug aus sahen und der so herrlich glitzert im Schein der Mittagssonne. Wir gehen zum See und baden darin. Ein Wonnegefühl, das kühle Nass, die Pilgerkleider ablegen zu dürfen für kurze Zeit.

Während die anderen zurückbleiben, halte ich Ausschau nach einem nahe gelegenen Jugend-Freizeit-Haus, an dem wir vorhin vorübergingen. Ich frage den Herbergsvater nach einem Mittagessen und sage ihm, dass wir insgesamt vier Personen sind. Ohne Umschweife lädt er uns ein. Ich gehe zum See, hole die anderen und freue mich wie ein kleines Kind, dass wir etwas zu essen bekommen werden.

Was dann geschieht, übersteigt alle Erwartungen. Es ist heute der 15. August, der kirchliche Festtag der „Aufnahme Mariens in den Himmel“. Soll es heute ein Festessen geben? Was uns dann aufgetischt wird, kommt mir vor wie beim „Tischlein deck dich“. Vorspeise, ein Nudelgericht, Hähnchen, Weißbrot, Tomatensalat, Wein, Limonade, und zum Nachtisch Kaffee. Was muss in dem Mann vorgegangen sein, dass er uns so liebevoll und reichlich bewirtet? Sollte es der Festtag „Maria Himmelfahrt“ gewesen sein, jener Maria, die in Kana zugegen war, als Jesus das Wasser in Wein verwandelte? Hier werden vier Pilger, die müde und hungrig und durstig ob der großen Hitze ankommen, in zufriedene, freudige, gestärkte Menschen verwandelt. Ich bedanke mich dementsprechend in der Küche und beim Herbergsleiter.

Aber Jörg macht mir Sorgen. Er sieht immer wieder, auch bei dem schmackhaften Mittagstisch, auf die Landkarte und nimmt gar nicht so recht wahr, was wir da geschenkt bekommen. Er äußert außerdem zunehmende Probleme mit seinem schweren Rucksack, der ihn doch sehr drückt.

Dienstag, 16. August

Noch am Trasimenischen See übernachteten wir, und ein neuer Tag liegt vor uns. Wir lassen den See bald hinter uns und pilgern so langsam ins hügeligere Gelände. Wir laufen weiterhin in der mörderischen Hitze ohne schattige Bäume bei 40 Grad. Ich hätte nicht gedacht, dass es hier im August noch so heiß sein würde. Trotzdem halten wir durch, wenngleich man erst lernen muss, mit der Hitze umzugehen. Es werden ja Methoden entwickelt, die man sonst nicht anwenden würde. Links eine Flasche, rechts eine Flasche in der Hand, und dann immer eifrig die Arme mit Wasser besprenkelt, damit der Körper abkühlt. Dazu ein Schuss Wasser in die Mütze, damit das Wasser den Kopf zusätzlich, wenigstens für eine halbe Stunde abkühlt. Nur so ist es auszuhalten und man kann es durchhalten, mit Gepäck auf offener Straße zu gehen. Vor allem an den windgeschützten Stellen ist es sehr heiß.

Wir kommen abends in Castilon- Fiorentino an, einer Stadt, die auf dem Berge liegt. Auch hier werden wir von einem Pfarrer wohlwollend aufgenommen und mit Essen versorgt. Er weiß gar nicht, was er alles für uns herbeischleppen soll. Doch was sich längst anbahnte, kommt jetzt eruptiv zum Ausbruch. Jörg macht mir heftige Vorwürfe, und wir fangen an zu diskutieren, ob es legitim sei, betteln zu gehen, während wir eigentlich gar nicht arm sind und nachher ja wieder ganz normal weiterleben werden. Ich versuche zu beschwichtigen mit dem Argument, dass dies eine freiwillig gewählte Armut für sieben Tage sei und dass wir für diese Zeit sehr wohl abhängig sind von dem, was uns die Leute geben. Ich versuche bei dem Gedanken zu helfen, den Pilgerweg abzubrechen, und sage: „Es ist keine Schande, aufzugeben, ich selbst habe viele Unternehmungen in meinem

Leben aufgeben und abbrechen müssen." „Aber nehmen wir den Leuten nicht etwas weg, was wir gar nicht nötig haben und für andere verwendet werden könnte, für die wirklich Armen", ist sein bohrendes Argument. „Eigentlich schon", sage ich , „aber ich habe schon so viel für die Armen in und außerhalb der Seelsorge getan, mein ganzer Berufswechsel vom Architekten zum Diakon war eine Hinwendung zu den Armen, sodass ich als ‚Armer' wenigstens für sieben Tage auch einmal beschenkt werden und spüren möchte, was Armut, Abhängigkeit für kurze Zeit bedeutet", war mein Gegenargument. Es hilft nichts. Jörg ist nicht umzustimmen und bleibt bei seiner Meinung. Und so legen wir uns schlafen mit der Ungewissheit, wie es am anderen Morgen weitergehen könnte.
Ich kann Jörg sehr gut verstehen, aber ich bin auf keinen Fall bereit, den Pilgerweg abzubrechen. Diese Gedanken von wirklicher und zeitlicher Armut hatte ich mir vorher gemacht. Die führende Hand Gottes, die ich bis hierher in jeder Phase spüre, die große Hilfsbereitschaft der Menschen und meine heitere Zuversicht im Glauben lassen bei mir keinen Zweifel aufkommen, dass dieses Wagnis richtig und gut ist und weitergeführt werden kann.

Mittwoch, 17. August

Es kommt, wie es kommen sollte. Jörg verlässt uns, er bespricht sich noch mit Matthias, und auch er bricht den Pilgerweg ab. Ich bin einerseits sehr traurig über diese Entwicklung, andererseits auch froh, weil der Weg mit dieser Problematik nicht mehr belastet ist. Mir ist klar, dass ich unmöglich für alle Vier hätte weiterbetteln können. Das ist eine Fügung Gottes, dass dies bis dahin überhaupt möglich

wurde und dass wir soviel von so lieben Menschen bekommen haben. Wir trennen uns im Guten, trinken noch eine Tasse Kaffee miteinander von dem restlichen Geld, das wir noch haben. Jörg macht auf meine Bitten hin einige Fotos im Arkaden-Innenhof, einer vermutlich ehemaligen franziskanischen Klosterkirche. Vor allem die Fresken von Franziskus interessieren mich, obwohl sie schon arg verwittert sind. Die San Damiano- und die Kleiderszene mit dem Bischof am Marktplatz von Assisi gefällt mir besonders gut.
Als wir den Innenhof der Kirche verlassen, blicke ich zurück, hinauf zu dem segnenden Franziskus, in Stein gehauen am Portal der Kirche, so als wolle er zu uns sagen: „Ich gebe euch meinen Segen mit auf den Weg, geht weiter und bringt die Botschaft, die ich gelebt habe, erneut in euer Land, in eure Städte und Dörfer, in eure Herzen, eure Familien und Häuser. In eure Kirche. Nachdem ich Jörg noch einen Pfirsich in die Hand gebe für seinen Weg, trennen wir uns.
So gehen wir in der brütenden Hitze weiter, Jean Marie und ich. Ihm liegt sehr daran, mich auf alle Fälle weiter zu begleiten. Irgendwie will er mir helfen, dass wenigstens ich weiterkomme, und vielleicht ahnt er als der Jüngste der Gruppe, wie sehr ich an dem Unternehmen hänge und es auch unter allen Umständen weiterführen möchte.
Jean Marie fängt so langsam auch mit dem Betteln an, er holt Früchte von den Bäumen und Essen in den Geschäften, das wir miteinander teilen. Bisher leben wir zusätzlich von den süßen Feigen, von Weintrauben, Äpfeln und Birnen. Die Bäume und Weinberge stehen dicht an den Wegen, sodass es keine Mühe macht, einige davon zu essen. Ich mache mir überhaupt keine Vorwürfe, so einen kleinen Vitaminstoß von den Bäumen bzw. von den Traubenstöcken zu holen. Einmal gibt es reichlich Früchte in dieser gesegneten Gegend, und zum anderen können wir uns nur wenig davon nehmen, weil

das erbettelte Brot, die erbettelte Wurst und andere Nahrungsmittel mehr satt machen. Wenn wir etwas von der letzten Unterkunft mitbekommen, nehmen wir es gerne an. Aber ansonsten kann man kein Obst und Essen auf Vorrat mitnehmen allein wegen des Gewichtes. Also esse ich am Tag allenfalls ein bis zwei Äpfel, mehrere Feigen oder ein Traubenbüschel, je nachdem, was es am Wege gerade gibt.
Ein Obstbauer, den ich um ein paar Pflaumen am Baum bitte, die herrlich blau aussehen, lehnt es ab, uns davon zu geben. Ein anderer Mann an einem Melonenstand schenkt uns dagegen eine Melone, als wir noch zu viert waren.
Doch jetzt haben wir uns zu Mittag verlaufen, wir sind auf den Hinweis eines Ortskundigen weitergegangen und vom üblichen Weg abgekommen. Wenn jemand in Italien sieben Kilometer sagt, dann sind es meistens zwölf. Wir dachten, wir kommen an eine Ortschaft in dieser Gluthitze zu Mittag, aber der Weg mitten im Wiesengelände entlang eines Baches nimmt kein Ende. Das kann bedrohlich werden, wenn der Wasservorrat ausgeht. Wir teilen uns die Ration ein, und Gott sei Dank bekommen wir an einer Baustelle von einem Mann je einen Liter Wasser, das uns weiterhilft. Jean Marie sagt: „Ich weiß gar nicht, woher ich die Energie für diese körperlich hohe Anforderung hernehme." Ich kann ihm da nur zustimmen. Als der Älteste der anfänglichen Gruppe mit 56 Jahren danke ich Gott, dass ich dies unbeschadet durchstehe, dass die Beine, die Füße, das Herz, der ganze Körper noch gut mitmachen. Wir gehen immerhin nach dem Aufstehen um 7.00 Uhr und dem Frühstück und dem Gebet gleich weg, laufen bis Mittags 12.00/12.30 Uhr, halten eine ausgedehnte Mittagspause und laufen von etwa 16.00 Uhr bis abends 18.00/18.30 weiter. Und das meistens auf Landstraßen; denn hier gibt es keine Wanderwege, keine Wegzeichen und keine Orientierungshilfen. Das militärische Kartenmaterial, das wir

uns besorgten, hilft nicht viel weiter, weil es die Wege einfach nicht mehr gibt, die da noch eingezeichnet sind. Also laufen wir auf einfachen Landstraßen weiter, die aber meistens asphaltiert sind, mit Ausnahme dieser Feldwege, die uns von der Route abgebracht haben. Wir wollten Arezzo liegen lassen wegen des vermeintlichen Umweges, aber dies hier kostet mehr Zeit und Kraft mitten im Feld-Wald-Wiesen-Gelände. Wir nehmen uns vor, niemals mehr so einen „Trampelpfad" zu benutzen, sondern auf der Route zu bleiben.
Ich denke an Jörg und Matthias. Sie werden jetzt schon in Florenz sein. Wir haben vereinbart, dass sie auf unsere Ankunft warten bei den Elisabethschwestern, bei denen wir auf dem Hinweg übernachteten. Ich denke besonders an Jörg, der so viel guten Willen hatte, es aber dann doch nicht schaffte durchzuhalten. War er es doch, der darauf drängte, dass dieser Pilgerweg letztlich zustande kam. Ihm verdanke ich den entscheidenden Impuls. Matthias war der Kartenspezialist von Assisi bis zum Trasimenischen See, der ebenso wichtig für den Anfang war. So gesehen war der Einsatz der beiden nicht vergeblich, trotz des Abbruchs und der Trennung.
Als wir wieder auf die Straße zurückfinden, begegnet uns ein junger Österreicher mit dem Fahrrad, der nach dem Weg fragt. Wir schauen in die Karte und können ihm weiterhelfen. Ja, wer den Weg gefunden hat, der kann anderen den Weg auch zeigen.
Jetzt müssen wir nur noch zu zweit weiterziehen und zu zweit an den Türen am Abend anklopfen, wie heute Abend bei dem alleinstehenden Pfarrer. Bis wir ihn finden, umrunden wir den Pfarrkomplex mehrere Male. Ohne Umschweife dürfen wir bei ihm in seiner Wohnung übernachten. Jean Marie im Büro und ich im kleinen Gastzimmer. Alles ist sehr einfach, aber die Liebe und Freundlichkeit dieses Mannes besticht mich. Im seinem Bad dürfen wir uns erfrischen, und

dann lädt er uns zum Abendessen ein, das alles in seiner kleinen, bescheidenen Wohnung. Er kann kein Deutsch, wir kein Italienisch, wir unterhalten uns den ganzen Abend mit Händen und Füßen und mit dem Herzen. Ich bin erneut beschämt. Soviel christliche Glaubwürdigkeit in einer Person. Es ist das erstemal, dass wir in einer Wohnung aufgenommen werden, dass jemand seine Wohnung mit uns, den Pilgern, teilt. Er kennt uns doch gar nicht und dennoch vertraut er uns vollständig. Vielleicht ist er in seiner Einsamkeit froh, mit jemanden reden zu können. Vielleicht sind wir diesmal auch ein Stück die Gebenden, und nicht nur die Nehmenden.

Donnerstag, 18. August

Wir sitzen am Marktplatz im Zentrum von „S. Giovanni“, der Stadt des heiligen Johannes. Einfach ausruhen. Einfach die Schuhe ausziehen und sich von der Hitze im Schatten der Häuserwände erholen. Es ist still auf diesem Marktplatz, italienische Siesta. Die Kirchen sind um diese Zeit zu. Irgendwie haben wir auch keine Lust, etwas zum Essen zu besorgen.

Jean Marie pflegt seine Blasen, er hält immer noch durch, aber es wird für ihn mehr und mehr beschwerlicher mit den durchgelaufenen Turnschuhen. Er macht mich darauf aufmerksam, dass ich noch trockenes Brot im Rucksack habe und es doch den Tauben geben könne. So pickt das eine Täubchen dicht vor mir an den Brotkrumen. Wie schön, jetzt können wir schon etwas abgeben, und wenn es nur vertrocknete Brotkrumen sind.

Ein älterer Mann reicht uns eine Büchse Bier. Sollen wir jetzt auf unser selbst auferlegtes Alkoholverbot pochen ob dieser Gastfreundschaft? Wir trinken das Bier. Kurz darauf kommt

ein junger Kaplan und fragt uns, ob wir etwas zu essen und zu trinken benötigen. Wir bejahen seine Frage, und sogleich geht er in den Häuserkomplex, und es kommt der gleiche ältere Mann, wohl ein Küster, heraus und bewirtet uns. Was er da anschleppt, übertrifft alle Erwartungen: Hähnchen, Käse, belegte Brote und Weintrauben. Nach und nach gesellt sich eine ganze Familie zu uns, Leute, die vorher nur aus den Fenstern herausschauten. Auch Kinder umringen uns plötzlich und es kommt uns vor, als gehörten wir zu der ganzen Familie. Entsprechend herzlich verabschieden wir uns später und gehen weiter.
Diesmal übernachten wir in einem Franziskanerkloster mit einer herrlichen alten Franziskuskirche. Wir sind in einem schmutzigen Gruppenraum untergebracht, froh darüber, dass wir ein Dach über dem Kopf haben. Die sanitären Anlagen sind auch schmutzig, und wegen des dichten Staubes am Fußboden stellen wir die Tische zusammen und schlafen auf den Tischen. Ein Pater lässt uns etwas Wasser zum Trinken zukommen, auch den Pfortenschlüssel zum Weggehen, aber sonst kümmert sich niemand um uns. Alles ist einfach und unpersönlich, doch wir sind dankbar und froh, dass wir wieder aufgenommen wurden.

Freitag, 19. August

Mittag, der vorletzte Tag des Weges. Wir befinden uns nur noch 20 Kilometer vor dem Ziel. Irgendwie sind wir schneller gegangen, als es vorgesehen war. Grund genug, um den heutigen und den morgigen Tag gemütlicher anzugehen vom Laufpensum her. Wir befinden uns längst in der Toskana. Den Wechsel merkt man um Arezzo. Hier ist es hügeliger, grüner und die Häuser sind anders. Seit gestern Nachmittag laufe

ich allein weiter. Jean Marie musste wegen der Blasen aufgeben und er schlägt sich per Autostopp weiter. Wir vereinbaren ein bestimmtes Straßenstück und treffen uns am Eingang einer Ortschaft wieder. Das geht ganz gut so, denn auf diese Weise bleiben wir zusammen. Alleine gehen ist auch schön, seinen eigenen Rhythmus finden. Doch zu zweit ist es einfach idealer, so wie es in der Bibel bei der Aussendung der Jünger steht. Von vier Pilgern bin ich noch der Einzige, der die Strecke durchgeht. Jean Marie will mich auf keinen Fall verlassen und dafür bin ich ihm sehr dankbar. Wir sitzen bzw. liegen im Schatten einer kleinen Kirche in Palazzolo. Es scheint, die Kirche wird nicht mehr benutzt. Zwei kleine Glöckchen sehe ich im offenen Glockenturm, oben auf der Spitze eine Hände faltende Maria in weißem Stein. Sie „schaut" direkt zu uns herunter und erbittet sicher auch den Segen für uns. Im Glockenturm entdecke ich zwei weiße, darunter zwei blaue, dazwischen vier weitere Tauben. Es ist schön, sich im Schutz der Kirche ausruhen zu dürfen. Das meine ich auch im ganz übertragenen Sinn. Es wird zu wenig von der beschützenden Kirche gesprochen. Hier sind es die steinernen Mauern, die uns vor der Hitze schützen. Auch innen sind die Kirchen kühl und wohltuend bei diesen Temperaturen. Wir haben uns angewöhnt, an keiner Kirche am Weg vorbeizugehen, ohne sie im Gebet und in der Stille aufzusuchen.
Es ist Abend, und wir fragen nach der letzten Übernachtung. Diesmal ist es ein Kindergarten, in dem wir schlafen dürfen. Der Ortspfarrer hat ihn uns zugewiesen. Auch er gibt uns zu essen und eine angefangene Flasche Rotwein. Wir sitzen vor der Treppe des Gruppenraumes auf einer Anhöhe und haben Florenz nur noch fünf Kilometer vor uns. Die Sonne geht unter, das Abendrot verzaubert die toskanische Hügellandschaft in ganz viele matte, schimmernde Farben. Von goldgelb bis glutrot, dazwischen grünlich-satte Töne. Uns beiden

ist erst jetzt bewusst, dass wir es geschafft haben, obwohl wir ja noch nicht am Ziel sind. Aber dieser Abend ist schon ein Stück Ankunft. Auf den Abhängen, gleich neben der Autobahn, liegen die im schimmernden Abendlicht eingetauchten Olivenhaine. Ein Kastanienbaum steht vor mir, eine Burg in der Ferne. Als ich mich Jean Marie zuwende und sage: „In Florenz, da können wir uns noch viel Kunst ansehen", da antwortete er mir: „Die Natur ist die schönste Kunst." Wir werden an diesem Abend für alles entschädigt, besonders für die anstrengenden Berge und Hügel der letzten Tage. Ein Fazit kann ich schon jetzt ziehen: Immer dann, wenn es uns am schlechtesten erging, wurden wir von Gott am stärksten beschenkt durch die Menschen, durch das Essen, durch die Herzlichkeit, durch die Natur. Mich erfüllt tiefe Dankbarkeit.

Samstag, 20. August

„Firenze", so steht es auf dem blauen Straßenschild. Wir sind am Stadtrand der Toscana-Metropole angekommen. Wir gehen vorbei an einer romanischen Kirche, die so aussieht wie unsere Einhardsbasilika im Odenwald in Michelstadt: dreischiffig mit vorgesetzter Apsis. Ob Franziskus diese Kirche schon gesehen hat auf seinem Weg nach Bologna? Perugia, Cortona, Arezzo. Das sind Städte, in denen sich der Heilige nach den historischen Quellen mit Sicherheit aufgehalten hat. Hier in Florenz ist er bestimmt auch gewesen auf seinen Wanderungen. Und nun schreiten wir in diese Stadt, auf den Spuren seiner franziskanischen Brüder. Auch die müssen hier vorbeigekommen sein. Daran gibt es keinen Zweifel. Hier an dieser romanischen Kirche.
Wir steuern direkt dem Elisabethenkloster zu und begrüßen unsere „Ausreißer", die sich ebenso freuen, dass wir uns wie-

dersehen. Sie sind mit dem Zug hierher gefahren und haben sich in der Zwischenzeit Florenz angesehen. Ich gehe erst einmal in die Kapelle und danke Gott für die gute Ankunft. Rechts über mir die Elisabeth-Statue mit dem Brot in der rechten Hand, in der linken den Korb voller Rosen. Mir ist, als wenn sie sagen wollte: „Gib das Brot jetzt weiter, das du auf dem Weg hierher empfangen hast. Behalte das Brot nicht für dich allein." Rosen sind das Zeichen der Liebe. „Brot und Rosen" bedeutete demnach: „Gib jetzt die Liebe weiter." „Ja, ich werde alles weitergeben, alles, was mir und uns in diesen sieben Tagen geschenkt wurde", antwortete ich innerlich.
Ich gehe aufs Zimmer und ruhe mich im Bett aus. Es ist für mich wie der Himmel auf Erden. Nach so vielen Tagen Fußboden-Schlaf endlich wieder ein Bett. Allein das mollige Kopfkissen vermittelt ein Stückchen „Himmel". Als wir hier vor einer Woche ankamen und übernachteten, staunten wir nicht schlecht über die Einfachheit der Zimmer hier bei den Schwestern. Wer ist schon so einfache Betten gewöhnt? Und jetzt, nach dem Pilgerweg, empfinden wir die gleichen Betten als ein Stück „Himmel". So unterschiedlich ist unsere Wahrnehmung bei dem gleichen Gegenstand.

Sonntag, 21. August

Es geht alles sehr schnell. Aufstehen, waschen, die letzten Karten nach Hause schreiben, frühstücken. Gegenüber beim Frühstück sitzt ein 82-jähriger Priester, der aus der Nähe von Erfurt kommt. Ich erfahre von ihm, dass die hl. Elisabeth die Patronin seiner Diözese ist. Die junge Frau aus Ungarn und von der Wartburg ist mir hier in diesem Kloster ganz gegenwärtig. Besonders stark heute morgen, als ich mich erneut in die kleine Kapelle ins Untergeschoss begebe.

„Nimm und gib das Brot und die Rosen weiter“... Wie ein Versprechen hämmert sich dieser Satz bei mir ein. Jetzt kommt auch der alte Priester vom Frühstück und betet vor mir in der Bank. Es ist Abfahrtstag. Wir begeben uns gleich in den Dom von Florenz und feiern die hl. Messe als Dank für die wunderbare Ankunft. Wir haben viel Grund zum Danken: Dass wir gesund ankamen, für die vielen Menschen, die uns etwas gaben, für die Unterkünfte, die Begegnungen, die Erfahrungen für die großen und kleinen Gesten. Keiner ist krank geworden. Alle sind wir gesund geblieben. Keiner hat gehungert und wir wurden überaus reich beschenkt.

„Brot und Liebe“ zu Hause den Menschen weitergeben, das wird jetzt mehr denn je meine Aufgabe sein. Die Armen zu Hause gibt es in Hülle und Fülle, sie sind uns schon gestern Abend beim Abendbrot begegnet. Eine Frau aus Düsseldorf, die von ihrer Sucht als Alkoholikerin wieder loskam, erinnert mich an die innere Armut bei uns. Sie bewunderte unseren „Weg“ genauso wie der junge Italiener vor Florenz, der uns die Stadtkarte schenkte. „Bravo“, sagte er und staunte nicht schlecht, dass wir so viele Kilometer zu Fuß zurückgelegt haben. Ich kann nur erwidern: Bravo, ihr lieben Menschen, die ihr uns so liebe-voll geholfen habt, auch der Verkäufer in dem Laden vor Florenz, der uns Brot und Wurst gab, die letzte erbettelte Gabe auf diesem Pilgerweg. Es ist schon ein eigenartiges Gefühl, sein Leben wieder auf „normal“ umzustellen.

ZWEITE ETAPPE: FLORENZ – MIRANDOLA

Samstag, 19. – Freitag, 25. August 1995
ca. 180 km = 7 Wandertage

Freitag, 18. August (Florenz)

Florenz ist eine Perle an Kultur: Vollgestopft mit Sehenswürdigkeiten und Touristen. Die Menschen stehen Schlange vor den „Uffizien“, der großen italienischen Kunstgalerie. Für uns Pilger steht jedoch am heutigen Eingewöhnungstag eine religiös- franziskanische Spurensuche im Vordergrund, nicht so sehr die Kunst.

Seit gestern sind wir hier. Wir, das sind Matthias und ich. Jener Matthias, der im vergangenen Jahr in der Mitte der ersten Etappe abgebrochen hatte. Ich denke, er wollte sich noch einmal ausprobieren, vor allem diesen Weg als „Bettelweg“ zu gehen. Dass er ein guter Wanderer ist, hat er längst unter Beweis gestellt, auch bei dem Tages-Test-Weg in Reichelsheim im Odenwald vor zwei Wochen. Diese Form der konditionellen Erprobung hat sich bewährt, zumal dabei ausgelotet werden kann, was im Rucksack überflüssig und was zu wenig darin ist. Außerdem geht es dort über zehn Kilometer ziemlich steil hinauf, und das „Cafe Bauer“ im Wald stellt für uns jedesmal gerne Kuchen und Kaffee kostenlos zur Verfügung. Matthias ist noch jung, und ich freue mich auf den gemeinsamen Weg mit ihm.

Auch der Eingewöhnungs- und Ausgewöhnungstag am Anfang und am Ende einer Etappe hat sich bereits bewährt. Es ist nicht gut, nach so einer langen Reise gleich loszugehen.

Da braucht es ein Stück der Akklimatisation, der äußeren und der inneren Anpassung. Man kann auch nicht gleich nach der Ankunft den Nachhauseweg antreten. Ein Tag der Übergangsphase tun Leib und Seele gut. Wir schlafen bei den Elisabethschwestern. Schwester Rhabana hat uns wie voriges Jahr ganz freundlich empfangen. Und von hier aus ist es nicht weit zum Zentrum der Toscana-Metropole.
Wir wollen uns den Dom (Santa Maria del Fiore) sowie das danebenstehende „Baptisterium", einen achteckigen Zentralbau, ansehen, in dem Dante getauft wurde. Er ist der älteste Bau von Florenz und entstand auf Überresten eines vorchristlichen Gebäudes. Uns interessiert die Franziskanerkirche „Santa Croce", und auf dem Berg wollen wir uns den Flecken Fiesole ansehen. Im Dom sollen im Kuppelbereich renovierte Fresken zu sehen sein, und „Santa Croce" beherbergt Gräbermonumente von ganz berühmten italienischen Geistesgrößen wie Dante, Machiavelli, Rossini und Michelangelo. Die jetzige Kirche wurde im Jahre 1295 an jener Stelle gebaut, an der vorher neben dem Franziskanerkloster eine kleine, alte Kirche stand. In Fiesole befindet sich „San Francesco", ein kleines, verfallenes, altes Franziskanerkloster mit Kreuzgang, ähnlich dem „S. Damiano" in Assisi, sowie etruskische und römische Ausgrabungen wie das Amphitheater.
Wir stehen an der Michelangelo-Panoramaplatte, von wo aus man Florenz sehr schön überblicken kann. Wie in einer Brennlinse spiegeln sich hier alle menschlichen Schwingungen von Handel, Religion, Geldwirtschaft und Reichtum wider. Wir wollen uns auch jene Stelle an der „Piazza della Signoria" in der Stadtmitte ansehen, wo man im Mittelalter den Kirchenkritiker Savonarola verbrannt hat. Eine im Steinpflaster eingelassene Steinplatte weist auf jene Stelle hin, an der man ihn auf den Scheiterhaufen brachte. Ein Eiferer, der durch seine Predigten die Missstände in der Kirche regel-

recht anprangerte, besonders auch im Klerus. Inzwischen soll er ja rehabilitiert und eventuell heilig gesprochen werden. Aber damals entledigte man sich eben unbequemer Leute auf diese grausame Weise. Bei uns in Deutschland hat man ihm in Worms ein Denkmal gesetzt neben den in Stein gehauenen Reformatoren. Auch dieses Ereignis gehört zur Zeit-Geschichte von Florenz: Irrtum und Glaubenseifer, Armut und pralles Leben, Klöster und Prachtbauten, Enthaltsamkeit und Ausschweifung, Reichtum und Niedergang.
Unser Ziel: In sieben Tagen über das Appenin und über Bologna in Mirandola zu sein. Mirandola liegt bei Modena, man kürzt auf dem Weg nach Verona ein großes Stück ab. Wir wollen rechts neben der Autobahn in nördlicher Richtung gehen. Solche Entscheidungen müssen vorher zu Hause getroffen werden. Es wird eine richtige „Bergetappe" werden, wie dies die Radfahrer so schön ausdrücken. Zwei Pässe von 900-1000 Meter sind zu überwinden. Der Futa- und der Ratisoca-Pass. Ich bin gespannt. Aber jetzt ist noch Ruhe- und Ausflugstag angesagt.
Der Himmel ist bedeckt, es ist nicht so warm wie im vergangenen Jahr. Dabei fange ich bereits an, mit der letzten Etappe zu vergleichen. Aber das ist ja auch gut so; denn mir kommt es vor, als wären wir erst gestern hier angekommen. Alles ist mir noch sehr vertraut, auch das Haus der Elisabethschwestern in einer wohltuenden, geistlichen Atmosphäre mit der Kapelle im Untergeschoss in der „Via Michelangelo".

Samstag, 19. August

Je näher die ersten Schritte eines solchen Pilgerweges heranrücken, umso weniger kann man es abwarten. Dies ist auch bei der zweiten Etappe so, obwohl sich doch schon

ein Stück Routine eingeschlichen haben müsste. Oft möchte man schon Wochen vorher losgehen. Erst in dem Augenblick, wo man die ersten Schritte wagt, da verfliegen alle vorhergehenden Fragen und Zweifel. Es bedarf ja einer langen Planung und Vorbereitung, fast das ganze Jahr über. Und die Kernfrage, ob es richtig und gut ist, einen solchen „Bettelweg" zu gehen, beantwortet sich ja nicht erst im inneren Vorsatz, sondern am Ende einer Etappe, wenn alles gelungen und überwunden ist.
Im Anfang befindet man sich in einer zwiespältigen Situation: Einerseits ist man froh, dass es jetzt so weit ist, andererseits umschleicht einem die Ungewissheit, wie es diesmal werden wird. Wo werden wir ankommen, wer wird uns aufnehmen, wo werden wir abgelehnt werden, und wird es ausreichen, was wir unterwegs bekommen. Ob wir am nächsten Samstag ankommen, das weiß nur der liebe Gott. Ihm müssen wir uns einfach anvertrauen. So versuchen wir es erneut.
Was auffällt: Vieles ist von vornherein anders als das letztemal: Wir sind nur zu zweit, und jetzt, wo wir losgehen, fängt es an zu regnen. Wir haben keine Regenerfahrung, denn im vergangenen Jahr überraschte uns lediglich einmal ein kleines Gewitter. Und es dauert nicht lange, da kommen – nachdem wir Florenz durchschritten haben – die Berge. Wir biegen in das erste Seitental ein und sehen rechts oben wie ein Schwalbennest Fiesole, jenen kleinen Flecken, zu dem wir gestern noch hinauffuhren. Dieser „Aufstieg" auf etwa 300 Meter Höhe hatte sich gelohnt, allein des verfallenen Franziskanerklösterchens wegen. Hier atmet noch die Vergangenheit, die Ruhe und Stille, jenseits der Touristenströme. Hier war ich dem heiligen Franziskus wieder ganz nahe. Es scheint, als sei da oben die Zeit stehen geblieben. „Santa Croce" ist eine mächtige Museumskirche mit einer prächti-

gen Fassade, aber „San Francesco“ da oben in Fiesole ein franziskanisches Juwel, ein Kleinod in der Abgeschiedenheit.
Doch der Regen lässt nicht viel Spielraum für zurückliegende Träumerein. Wir gehen weiter mit den Umhängen und machen an einer Mariengrotte Halt. Dort wechseln wir die nassen, das heißt auch durchgeschwitzten Kleider. Wir legen sie auf einen Zaun, und siehe da, plötzlich kommt für kurze Zeit die Sonne heraus und bald ist wieder alles sehr schnell trocken in den wärmenden Strahlen. Aber es regnet weiter und wir lernen immer mehr, mit dem Regen umzugehen. Zu Hause hätten wir längst eine Wanderung wegen des Regens abgebrochen. Aber wer denkt hier schon an Abbrechen. Um anzukommen, geht man einfach weiter, und mit der Zeit gewöhnt man sich sogar daran, stundenlang im Regen zu laufen. Es ist vereinbart, dass wir uns lediglich bei einem Gewitter unterstellen.
Inzwischen sind wir auf 347 Metern in den Bergen in Vaglia-Piere angekommen, wo wir nach einem Quartier fragen. Wir treffen unten im Ort an einer kleinen Kapelle den Padre (Pfarrer) der Gemeinde. Er ist gleich sehr freundlich zu uns und lädt uns zum Übernachten im Hinterhof des Pfarrhauses neben der „S. Pietro-Kirche“ ein. In diesem Hinterhof wohnt noch ein Ehepaar. Der Mann zeigt uns gleich die Kirche. Hände- und Wörter-ringend „verständigen“ wir uns. Wir dürfen die Rucksäcke in den Flur legen, und das zweite nasse Hemd hänge ich in einen Türrahmen in die Abendsonne zum Trocknen. Ich bin immer wieder überrascht, mit wie wenig und mit welch einfachen Mitteln und Möglichkeiten man auskommt.
Noch mehr bin ich über die Herzlichkeit und Freundlichkeit der Menschen überrascht. Jeder von uns bekommt zum Abendessen einen Teller Suppe, dazu eine Stange Brot,

Wurst, Tomatensalat, Wasser, Milch und Wurst für den nächsten Tag. Ich bin erneut beschämt. Und unser Quartier sprengt alle bisher gemachten Erfahrungen, was die Einfachheit betrifft. Ich empfinde es als das „franziskanischste“ mit der ca. 3 qm „großen“ Küche, einer oberen Schlafkammer, zu der eine Holztreppe führt. Ähnlich einem Schuppen, und wir essen auf einem Brett, das wir auf zwei Stühle gelegt haben. Wer Spinnen und Spinnweben beim Essen nicht verkraften kann, der ist hier fehl am Platz. Ich denke, die Franziskaner, als sie hier durchzogen, werden auch sehr einfach gelebt haben in den Unterkünften und Behausungen. Aber was sind schon Spinnweben gegen ein so gutes und mit viel Liebe zubereitetes Essen für Pilger, die hier für eine Nacht ihr erstes Zuhause finden und bekommen? Wir danken Gott, dass wir hier so reich beschenkt werden, und beten zum Abschluss des Tages gemeinsam die Vesper. Aus zwei kleinen Stundenbüchern habe ich zu Hause jene Seiten herausgerissen, die in der Gesamtkirche zum Beten anstehen. Herausgerissen deshalb, um das Gewicht gering zu halten. Diese Seiten von 10 Tagen (incl. An- und Abfahrt) sind Bestandteil unseres Gepäcks im Rucksack. Sozusagen die geistliche Nahrung. Ebenso versuchen wir, den Tag mit der Laudes zu beginnen. Und wir haben uns angewöhnt, an keiner Kirche vorbeizugehen, ohne darin in der Stille und im Gebet „Rast“ zu machen. Auf diese Weise gilt es, sich immer wieder geistlich zu kräftigen und zu stärken bei den hohen inneren und äußeren Anforderungen des Tages. Ein Pilgerweg bei diesen Gegebenheiten ist kein „Spaziergang“. Eucharistie, Gebet und Meditation sind unausweichliche Elemente, die zum Durchhalten für uns nötig sind. Schweigestunden unterwegs ergeben sich von selbst, die brauchen wir nicht künstlich einzuplanen. Religiöse Gespräche ebenso. Die Sorge, 30 km und mehr mit dem Rucksack auf dem Rücken, die Mühe um das

„tägliche Brot“ und die Übernachtung, die notwendigen Pausen zur Rast und das ständige Orientieren- müssen füllen den Tag bereits genügend aus. Man ist dann abends so müde, dass man bald in den Schlafsack hineinschlüpft und noch den Tagesablauf innerlich verarbeitet. Es ist die „unterste Ebene“ des Pilgerns, auf die wir uns eingelassen haben, die dem Einzelnen viel abfordert, besonders mir als dem verantwortlichen Leiter. Aber wie bei kaum einem anderen geistlichen Unternehmen wird es als großes Glück und tiefes Geschenk empfunden, jeden Tag. Das ist genau der Punkt, der zum Weitermachen ermutigt, besonders am Anfang.

Sonntag, 20. August

Wir beginnen den Tag mit einem Gottesdienst bei dem Padre in seiner Kirche und bedanken uns für die gute Unterkunft. Der Körper ist gut ausgeruht, mit frischen Kräften ziehen wir, Matthias und ich, weiter und sind überaus zufrieden ob des bisherigen Verlaufes. Mit Matthias gibt es keine sonderlichen Probleme. Er ist manchmal etwas wortkarg, aber mir kommt es entgegen, denn da habe ich beim Gehen die Muße der Stille, des Schweigens und der Meditation. Pilgern heißt ja „Beten mit den Füßen“. Wer schon gepilgert ist, wird es bestätigen können.
Ganz besonders schön sind immer die Mittagspausen wie hier in Barbarino auf einem freien Platz. Wir lagern vor einem verfallenen Kirchlein direkt neben der Straße. So stelle ich mir „San Damiano“ vor, wie es einmal war. Kein Dach über dem Gemäuer, eine steinerne Treppe führt direkt ins Kircheninnere. Daneben ein hohes majestätisches Gebäude mit noch gut erhaltenem Mauerwerk. Oben auf dem Dach Steinrinnen, vermutlich ein Schloss. Niemand wohnt mehr

darin. Wo wir sitzen, da muss einmal eine alte Straße gewesen sein. Umsäumt mit hohen Bäumen, wie in der Toscana üblich. Vor der Kirche ein steinerner Sakramentenschrein. Er ist leer wie alle steinernen Zeugnisse der Vergangenheit an diesem Ort. Lediglich Tauben beleben die Fassade auf den vorspringenden Konsolen.
Nach der Karte, die ich bei mir habe, müssen wir uns den Tag so einteilen, dass wir noch vor dem Futa- Pass eine Übernachtung bekommen; denn erst morgen wollen wir ihn überqueren. Die Landstraße, auf der wir gehen, steigt ständig und wir kommen in immer höhere Bergregionen. Fast wie in den Alpen. Mit dem Auto fährt man auf der Autobahn von Tunnel zu Tunnel und merkt gar nicht den enormen Höhenunterschied. Aber seit einigen Stunden plagt mich eine Muskelzerrung im Oberschenkel, und ich möchte mir gar nicht ausmalen, was wäre, wenn ich aus gesundheitlichen Gründen abbrechen müsste.
Der Aufstieg wird immer beschwerlicher, und noch sind wir nicht am Tagesziel. Endlich, wir kommen in S. Lucia an und begeben uns ins Pfarrhaus, fragen nach einem Quartier, aber kein Padre ist da. Wir treffen Leute, die auch im Pfarrzentrum wohnen, aber offenbar gibt es keine Möglichkeit der Übernachtung. Enttäuscht ziehen wir müde und abgespannt weiter. Da hält mitten auf der Straße ein Auto an, eine junge Frau steigt aus und fragt, ob sie uns mitnehmen könne. Bisher sind wir keinen Kilometer mit dem Auto gefahren, aber wegen unseres absoluten Stimmungstiefs steigen wir ein. Im Auto sitzt noch die Mutter der jungen Frau. Nach etwa eineinhalb Kilometern erreichen wir einen Campingplatz. Die junge Frau hält an und gibt uns etwas Geld mit. Ich muss unweigerlich an den barmherzigen Samaritan in der Bibel denken. Nur mit dem einen Unterschied, dass wir nicht von den Räubern halb totgeschlagen wurden. Aber „totmüde“ und erschöpft sind wir auch.

Das erste: Eine kurze Ruhepause. Da wir ja kein Zelt haben, kommen wir gar nicht auf die Idee, am Campingplatz zu fragen. So gehen wir den gleichen Weg nach S. Lucia eineinhalb Kilometer wieder zurück und gleichen auf diese Weise die Autofahrt wieder aus. Aber erneut bekommen wir keine Unterkunft. Was bleibt uns anderes übrig, als wieder zurück zum Campingplatz zu gehen. Der Platzwart sagt uns ohne Umschweife zu und weist uns ein kleines Blockhaus zu. Endlich haben wir es geschafft: Einen Schlafplatz, noch vor der Passhöhe, bei recht kühlen Temperaturen.
Von dem Geld der Frau wollen wir uns etwas zu essen kaufen, doch das Restaurant ist noch nicht auf Abendessen eingestellt. So haben wir Zeit, uns frisch zu machen und uns den Platz anzusehen. Camping, das ist eine Welt für sich. Eben alles ganz anders als ein Pilgerweg. Nach über einer Stunde treten wir in die Gaststätte, erzählen dem Ober von unserem Unternehmen, und dass wir ganz wenig Geld dabei haben. Dieser geht zur Chefin und bittet uns dann, in dem inzwischen voll besetzten Raum in einer Ecke Platz zu nehmen. Es dauert nicht lange und der Ober bringt die Speisekarte. Wir sollen uns aussuchen, was wir essen möchten. Mir ist ganz unwohl. Ob der Ober und die Chefin unser Anliegen richtig verstanden haben? Zweifel kommen auf. Wir schauen in die Karte und suchen uns ein ganz einfaches Essen aus. Wir bekommen Wein und Wasser, Teller und Besteck. Alles sieht nach einem vornehmen Menü aus. Ich sage zu Matthias: „Was wenn der Mann uns falsch verstanden hat?“ Wir haben doch nur ganz wenig Geld.“ Es kommt eine Portion Fleisch, dazu Salat, eine große Schale Obst und dazu jeder einen Cappucino. Jetzt ist nichts mehr rückgängig zu machen. Wir lassen es uns gut schmecken in der Hoffnung, dass es schon irgendwie gut gehen würde. Als wir fertig waren, frage ich den Ober, der etwas Deutsch versteht, ob wir denn das alles wirklich kostenlos bekommen. „Ja, sagte er.“ Uns fällt ein

Stein vom Herzen. Wir sind beide beschämt. Mitten in einem vornehmen Lokal, das voller Leute ist, dürfen wir essen, ohne zu bezahlen. Voller Herzlichkeit bedanken wir uns bei der Chefin und beim Ober für diese wundervolle Geste. Es ist wie am 15. August im vergangenen Jahr mit dem „Tischlein deck dich" am Trasimenischen See.
In der Blockhütte machen wir es uns bequem. Vor uns haben noch Leute gefeiert, aber jetzt sind wir allein und überglücklich. Das ist Pilgern! Erst die Ungewissheit, der Zweifel, die Erschöpfung, und dann löst sich alles plötzlich auf dank lieber und guter Menschen. Matthias schläft auf dem Fußboden, ich auf einer Holzbank. Nein, nicht nur den Menschen, Gott gilt es zu danken für diesen Tag, für diesen Abend, für diese Unterkunft.

Montag, 21. August

Eine heruntergefallene Zahnbürste bringt uns ins Gespräch bei der Morgentoilette im Waschraum des Campingplatzes. Ich erzähle von unserem Pilgern, der Mann erzählt von seinem Urlaub mit dem Wohnmobil. Wir sollen doch zum Frühstück zu ihm kommen. Dankbar nehme ich diese Einladung an. Freudestrahlend und noch ganz beeindruckt vom gestrigen Abend überbringe ich Matthias die Nachricht von erneuter Gastfreundschaft. Noch nie saß ich in einem Wohnmobil am Tisch. Aber alles ist wie zu Hause, gemütlich, von dem Münchner Ehepaar liebevoll vorbereitet. Die Enge des Raumes lässt auch die Herzen zusammenwachsen. Wir erzählen uns gegenseitig, was wir noch vorhaben, und verabschieden uns voller Dankbarkeit.
Wir sind noch keine Stunde gegangen, da erreichen wir den Futa-Pass mit einem Soldatenfriedhof. „Versöhnung über

den Gräbern – Versöhnung, Verständigung, Freundschaft", diese Worte schreibe ich mir auf einen Zettel. Ich bin tief bewegt, zumal hier die meisten deutschen Gefallenen in Italien bestattet sind, wenn ich es richtig verstehe, 37 000 an der Zahl. Jede Zahl ein Opfer, ein Schicksal, ein Mensch. Da ist es egal, welcher Nationalität dieser Mensch angehörte. Jeder hinterließ Familie, Ehefrau, Kinder, Angehörige. Schrecklich. Ich frage mich nur, für was sind diese Soldaten eigentlich gefallen? Für welches Ziel? Warum waren sie hier in Italien. „Soldaten tun ihren Dienst", wird gesagt. Aber für wen und für was? Wenn alle verweigert hätten auf allen Seiten, so wie es Franziskus von den Mitgliedern des Dritten Ordens forderte? Dann hätte es keinen Krieg geben können. Aber ich merke, meine Fragen bringen mich nicht weiter. Als diese Soldaten starben, war ich gerade sechs Jahre alt. Ein Kind. Und jetzt pilgern wir im Namen dieses Friedensapostels Franziskus über den Pass des Blutvergießens. Spiralförmig sind die Mauern um die Gräber angeordnet, wie die Spirale der Gewalt. Heute gilt es, das Leben und Zusammenleben in eine Spirale der Liebe umzukehren.
Wir erklimmen die Stufen bis zum Mausoleum und beten für alle Soldaten: „Herr, mache uns zum Werkzeug des Friedens"... Nicht von Franziskus, sondern aus Frankreich stammt dieses 1913 verfasste Gebet, also noch vor dem Ersten Weltkrieg. Wir denken an den Krieg im Kosovo, auch daran, als wir mit Jugendlichen und zwei Priestern zu Hause den Aussendungsgottesdienst feierten und unser Tuch mit der Taube gesegnet wurde. Jetzt hefte ich es auf den Rucksack. Bisher war nicht viel Zeit, an den Krieg im ehemaligen Jugoslawien zu denken. Wir waren zu sehr mit uns selbst beschäftigt. Auch wegen des anfänglichen Regens war es nicht möglich. Aber jetzt sind wir „hautnah" berührt, im Gestern und Heute von Krieg und Vernichtung, und beten für die Opfer.

Still gehen wir weiter. Es setzt heftiger Regen ein und wir müssen uns unterstellen an einem Haus dicht an der Straße. Ein Mädchen kommt heraus und bringt uns eine Karaffe Wein. Wir kommen ins Gespräch, und Susanna erzählt uns von den 15 Hunden, die ihr Vater als Förster besitzt. Susanna ist so aufgeschlossen und interessiert. Und ich kann immer noch nicht alles einordnen. Soeben erst der Soldatenfriedhof, der uns mahnend erinnerte, dass einmal tausende deutsche Soldaten hier an dieser Stelle vor 50 Jahren kämpften und in ein fremdes Land eindrangen, als Feinde den Italienern gegenüberstanden, ihr Leben ließen, und jetzt sind wir als friedliche Pilger in umgekehrter Richtung unterwegs, werden herzlich empfangen, bewirtet, aufgenommen, wie dieses junge Mädchen, das uns zu trinken gibt, ohne dass wir danach fragen. Wir begegnen einander vorurteilslos, nur wenige Kilometer entfernt von der Stätte des Grauens. Wie haben wir das verdient, dieses Vertrauen und diese Herzlichkeit?
Freilich, hier gibt es auch die vom Materialismus geprägten egoistischen Menschen. Viele leben auch hier in Prachtvillen, und es gibt in Italien extrem rechts- und linksgerichtete Kräfte, also Menschen, die sich nicht vom Geist des Evangeliums und des Glaubens leiten lassen. Davor darf man angesichts der vielen guten Taten nicht die Augen verschließen. Aber uns sind ebenso viele liebe Menschen begegnet, und wir müssen alles daransetzen, dass das Gute in uns und um uns mächtig wird und erhalten bleibt. Dies ist die Mahnung der Soldatenfriedhöfe auf der ganzen Erde.
Wir erreichen den zweiten, den Ratisoca-Pass, der schon auf fast 1000 Meter Höhe liegt. In Mongidhoro (das klingt ganz und gar nicht italienisch) nimmt uns wieder ein Padre auf. Wir dürfen in einem Kellerraum schlafen, legen unsere Rucksäcke ab und nehmen zuerst an der heiligen Messe teil.

Eine andere Frau schenkt uns nach der hl. Messe ein Marienbildchen. Zeichen dafür, dass wir nicht vergessen sollen, dass Maria unsre stille Wegbegleiterin ist. Dann essen wir gemeinsam Abendbrot mit einer Frau, die aus Bologna hier zu Besuch ist. Der Padre bietet alles auf, was er hat: Vom Wein übers Nudelgericht bis zur Obstschale. Zum Schluss gibt es noch einen Schluck Crappa. Wir sollen nur viel essen, sagte er, damit wir viel Kraft zum Weitergehen haben.

Dienstag, 22. August

Erst jetzt ist uns bewusst, dass wir wortwörtlich „übern Berg" sind, dass es ab jetzt nur noch abwärts und dann in die freie Ebene geht. Nach 30 km lockeren Fußmarsch sind wir in Pianoro angekommen, ca. 25 km vor Bologna. Wir gehen sogleich zur Kirche nahe der Landstraße, aber sie ist zu. Es ist eine dem hl. Giacomo, dem Apostel Jakobus d. Älteren geweihte Kirche. Wir sind uns gewiss, dass wir hier beim Pilgerapostel Unterkunft bekommen werden. Doch der Pfarrer ist weg und eine deutsch sprechende Haushälterin weiß nicht, wann er wiederkommt. Sie empfiehlt uns eine Familie in der Nähe, deren Sohn Priester werden will. Es ist noch nicht spät, wir gehen in den Garten und sehen dort die ganze Familie mit mehreren jungen Leuten versammelt. Auf die Frage nach einem Quartier sagte ohne Umschweife der Hausherr, ohne die anderen zu konsultieren: „No Problemo". Die Familie hat noch zwei Töchter, einen Sohn, und ein Freund der Familie mit Tochter Francesca ist auch anwesend. Von der Ehefrau und dem Hausherrn Manfredo werden wir wahrhaft herzlich aufgenommen, so als gehörten wir dazu. Wildfremde Menschen, die sie erst seit kurzer Zeit kannten. Wer würde das von uns schon tun? Wir kommen

ins Gespräch. Manfredo zeigt uns Bilder von seinem humanitären Einsatz in Albanien. Wir verstehen nicht alles ganz genau. Aber es ist zu erkennen, dass er bald 14 Stunden Fahrt in Kauf nimmt, um Hilfsgüter in das ehemalige jugoslawische Land zu bringen. Wenn mir jemals ein Heiliger in meinem Leben begegnet ist: Manfredo ist einer. Und wenn ich jemals eine heilige Familie gesehen habe: Hier ist sie.
Man muss sich das vorstellen: Wir schlafen mitten im Wohnbereich dieser Familie, bekommen Essen und Übernachtung. Ohne Ausweis, ohne uns zu kennen, allein im Vertrauen nehmen uns diese Menschen auf, ohne sich lange zu beraten. Da gehört schon tiefer Glaube dazu. Kein Wunder, dass aus dieser Familie eine priesterliche Berufung hervorgegangen ist. Ich kann es kaum beschreiben, meine Hochachtung vor dieser Familie, aber dies ist zweifellos der Höhepunkt in der Begegnung mit Menschen auf dieser Etappe.

Mittwoch, 23. August

Wir durchschreiten die dritte größere Stadt (neben Perugia und Florenz) seit Assisi, nämlich Bologna. Diese Stadt ist ein Moloch. Groß und nichts wie hartes Natursteinpflaster, vermutlich Granit. Das geht in die Schuhe, und ich merke, dass ich die Strümpfe wechseln muss wegen Blasengefahr. Die alten Strümpfe sind platt gedrückt; auch wenn es Wanderstrümpfe sind, wird der Druck in den Sohlen zu stark. Also ausziehen und wechseln. Sieben Kilometer bis zum Zentrum, sieben Kilometer wieder heraus, das sind 14 Kilometer Stadt.
Im Dom halten wir uns nur kurz auf, machen Mittagsrast, gehen gleich wieder und kehren nur noch in der Franziskanerkirche ein. Ob hier jenes Kloster gestanden hat, wo der

hl. Franziskus, als er aus dem Orient kam und die Brüder sich feste Häuser gebaut hatten, alles abreißen ließ und die Bücher hinauswarf, weil er keinen verkopften Theologenorden dulden wollte, auch keine festen Häuser? So radikal war dieser Mann aus Assisi, auf dessen Brüderspuren wir uns befinden. Hier war er, das ist historisch belegt, hier hat er „aufgeräumt“ mit einer Grundhaltung, die der Regel widersprach. Bis heute steht der Franziskanerorden im Zwiespalt zwischen Vorläufigkeit und intellektueller Frömmigkeit. Die erste Ordensspaltung 1221 fing mit dem Überhang an Ordensklerus an. Franziskus war nicht gegen die Theologie und gegen das Priestertum. Doch er wusste um die Gefahr der reinen Wissenschaftsgläubigkeit und um die Gefahr der „versteinerten, verfestigten Kirche“, die nicht mehr frei und beweglich für das Wesentliche ist. Häuser aus Stein waren für ihn Manifestation und Ausdruck so einer Haltung. Viele Klöster sind diesem Grundsatz nicht gefolgt. Sie haben sich monumentale Prachtbauten hingestellt und sind zu reinen Bildungszentren geworden.

Ein Glück, dass wir aus dieser Großtadt heraus und wieder auf dem Lande sind. Es ist Spätnachmittag. Wir haben das Appenin-Gebirge verlassen und sind in der flachen Ebene. Weil auf der Strecke kein Ort ist, in dem wir noch Übernachtung finden, gehen wir seitlich drei Kilometer und treffen in einer Pfarrgemeinde den ersten jungen Priester, einen Kaplan an. Die Priester, die wir vorher trafen, waren schon sehr alt.

Der Kaplan lädt uns in sein Auto, und wir fahren zu einem Supermarkt, in dem er auch für uns einkauft. Er spricht mit allen Leuten, er kennt die Leute und ist freundlich zu ihnen. Wir essen mit ihm in seinem Pfarrhaus Abendbrot und feiern die hl. Messe. Wir spüren: Hier herrscht lebendiges geistliches Leben. Hier lebt Pfarrgemeinde. Gitarrenmusik erklingt, jung und alt feiert eine „Zelebration", eine Art Meditationsabend mit Psalmen, Bibelabschnitten und Gesängen. Daniele, ein junger Mann, ist sehr interessiert an unserem Pilgerunternehmen. Ein junges Mädchen, ich glaube, sie heißt Laura, liest die Lesungen. Die Leute interessieren sich für uns Pilger, während wir in den Bergen immer nur wenige Menschen antrafen. Hier ist sprudelndes Leben. Schön, dass wir diese Form des Miteinanders auch erleben dürfen, dass wir an dem Leben der Menschen teilhaben dürfen.

Donnerstag, 24. August

Die Kette der Hilfsbereitschaft reißt nicht ab. Kaplan Guiseppe nimmt uns wieder ins Auto, wir fahren in eine andere Pfarrgemeinde (S. Michele) und beginnen den Tag mit einer hl. Messe. Anschließend lädt er uns in eine „Bar" zum Frühstück ein. Dann geht's weiter Richtung Mirandola. Als wir wieder auf die Hauptstraße stoßen, haben wir keine Möglichkeit, Feld- oder Wanderwege zu benutzen. Diese „franziskanische Route" von 1221 ist nicht ausgeschildert. Es hilft nichts. Wir müssen auf der Straße bleiben, auf dem Asphalt bis zu den Alpen und die vielen Autos in Kauf nehmen.
Dazu ist es wieder heiß. 30 Grad im Schatten. Ein Mann lädt uns in sein Haus ein und gibt uns Wasser. Er zeigt uns seine beiden Fahrräder, und ich glaube, er wusste als Hobby-Radfahrer, was es heißt, auf der Straße Durst zu haben. Gestern noch hatte ich Zweifel bekommen wegen unseres Unternehmens. Zweifel dergestalt, weil wir ständig so wunderbare Menschen antreffen. Menschen, die uns helfen. Keiner sagt: Schert euch zum Teufel, da kann jeder dahergelaufene Wan-

derer kommen und etwas erbitten. Stattdessen schlägt uns viel Liebe, Bewunderung und Verständnis für unseren „Weg" entgegen. Ich habe den Eindruck, bei uns zu Hause wird zu viel diskutiert über Für und Wider von Unternehmungen außergewöhnlicher Art. Hier wird spontan und herzlich geholfen. Die Leute fragen nicht, warum macht ihr das, sondern sie erkennen sofort, dass es sich um franziskanische Pilger handelt, die im 20. Jahrhundert ausloten wollen, was es heißt, bettelnd durch die Lande zu ziehen.
Auch dieser Mann an der Straße mit den Fahrrädern. Er fragt nicht, warum seid ihr unterwegs, sondern er sieht, dass es anstrengend ist, und hilft. Er gibt uns noch Weintrauben, Birnen und Kekse mit auf den Weg. Wir haben bei ihm nicht angeklopft. Er sieht uns und lädt uns in sein Haus ein. Das nenne ich Gastfreundschaft, und die wird hier noch sehr groß geschrieben.
Clevalore ist unser Zielort. Ein Padre, der selbst keinen Platz hat, vermittelt uns eine Familie. Wir sind hier in einem Zimmer mit einem schönen Balkon, und das erstemal finden wir ein Bad vor. Silvana, Thomaso und Anna heißen die Schutzengel, die uns hier aufnehmen. Eine wunderbare Suppe, ein wunderbarer Wein, Eier, Tomaten, Obst werden aufgetischt. Wir dürfen nicht vergessen, dass wir alles, was wir bekommen, ja nicht bezahlen müssen. Wir haben ja kein Geld in der Tasche. Ich glaube, dass dies der entscheidende Punkt des Bettel-Pilgerweges ist. Hätten wir auch nur das Geringste an Absicherung, wir wären unglaubwürdig. Denn bekämen wir nichts, so könnten wir ja etwas kaufen. Aber diese Möglichkeit haben wir nicht. Wir vertrauen allein auf Gottes Hilfe. Eine andere haben wir nicht. Doch die genügt. Das ist auch das Geheimnis, dass wir immer wieder bekommen und in keine Not geraten. Die Güte und Liebe Gottes ist es, die uns antreibt, weiterzumachen. Was uns mehr zu schaffen macht, sind die inneren mensch-

lichen Spannungen. Der heutige äußere Gewittertag ist zeichenhaft für unseren inneren „Gewittertag“, also zwischen Matthias und mir. Und so, wie rechts und links die dunklen Wolken aufzogen und sich wieder verzogen, so ist es auch mit uns. Die Luft ist wieder klarer und reiner geworden. Vermutlich staut sich durch das ständige Zusammensein einiges auf, was sich an menschlicher Unzulänglichkeit am Ende entladen muss.

Freitag, 25. August

Heil und gesund sind wir hier am vorgegebenen Ziel dieser Etappe angekommen. Wir gehen in den Dom von Mirandola und danken Gott, dass er uns diesen Weg wieder geführt hat. Seine Fügung, seine spürbare Gegenwart durch die vielen Menschen, die uns begegnet sind, die herrliche Natur, die wir anschauen durften, und das Erleben in den Gottesdiensten, in den Kirchen, durch die Bildstöcke auf dem Weg, all' dies lässt uns die Anstrengung und Mühe eines solchen Weges vergessen. Wir sehen uns anschließend die Franziskanerkirche an, in der keine franziskanischen Brüder und Schwestern mehr leben. Überhaupt: Bei diesen ersten beiden Etappen gewinne ich den Eindruck, dass das franziskanische Leben am Aussterben ist. Umso wichtiger ist es, dass es wieder neuen Geist bekommt durch Menschen, die sich auf die Radikalität jenes Mannes, jener Männer und Frauen der „ersten Stunde“ einlassen. Die franziskanischen Gemäuer sind noch da wie in Fiesole. Aber sie sind entleert. Also müssen wir Heutigen wieder das beleben, was erkaltet, verdorrt und erlahmt ist.
Jetzt, wo ich dies schreibe, läuten die Glocken von Mirandola, einer mittleren Kleinstadt, bereits in Richtung Verona und Trient. Ohne Zweifel werde ich weitermachen, weiterge-

hen, so es die Gesundheit zulässt. Ein Priester hat uns diese Albergo besorgt, und das erstemal seit sieben Tagen werden wir wieder in einem Bett schlafen mit einem weichen Kopfkissen und einer Matratze statt einer Iso-Matte am Boden.
Wenn ich jetzt am Abend zurückdenke, es war ein Weg, an dem wir am meisten an heiligen Messen teilnahmen. Mit einer Ausnahme jeden Tag. Sogar bei den Schwestern in Florenz begannen wir mit einer hl. Messe und dem Pilgersegen. Die Küchenschwester übersetzte uns, was der Priester zum Reisesegen gesagt hatte. Drei Gedanken waren es: „1. Wir brechen auf wie Abraham, einfach losgehen und auf Gott vertrauen, ohne zu wissen, was uns der nächste Tag bringt. Wer kein tiefes Gottvertrauen hat, taugt für so einen Weg nicht. Mit Absicherungen und Versicherungen kommt man nicht weit. Die beste Versicherung, die obendrein nichts kostet, ist das Gottvertrauen. 2. Wir werden viele Schutzengel brauchen. Und 3. wir sollen weiterschenken, was wir bekommen haben. Also nichts für uns behalten."
Ja, wir haben viele Schutzengel gebraucht, und der Gedanke des Weiterschenkens wurde uns an diesem Ort schon voriges Jahr bewusst. Jetzt nach der heutigen Ankunft beflügelt mich auch der Wille zum Weitermachen. Die Zweifel kamen ja auch diesmal hoch in der Frage, ob es alles richtig und gut ist, was wir da tun, in der Frage des Bettelns. Ja, es ist richtig und gut, das kann man jetzt schon nach drei Etappen und ca. 550 Kilometern (incl. des Testweges) sagen. Die Antwort liegt nicht in unseren theoretischen Überlegungen, sondern im Gelingen des Bisherigen. Es ist nicht nur die durchgestandene physische Belastung, sondern es ist die Gebefreudigkeit der vielen lieben Menschen, die uns begegnet sind. Wäre es anders, ich hätte längst den Weg abgebrochen.

Sonntag, 27. August

Wir sind wieder an den Ausgangspunkt in Florenz zurückgekehrt. Das hängt einfach damit zusammen, dass wir bei der Ankunft bei den Schwestern Geld hinterlassen haben für den Rückweg. So war es auch voriges Jahr. Am Ende einer Etappe brauchen wir ja wieder Geld. Von hier aus geht es heute wieder zurück nach Hause.

Am gestrigen Ausgewöhnungstag hat uns Marcus, ein junger Mann von Langen, der in Bologna lebt, der letzte Schutzengel, in Mirandola mit dem Auto abgeholt und nach Modena zu seiner Freundin gefahren. Dort speisten wir überaus fürstlich, nachdem wir uns die Innenstadt von Modena angesehen hatten. Marcus kochte selbst. Er bewirtete uns mit ortsansässigen Spezialitäten und sehr gutem Wein aus der Lombardei. Es war ein wirkliches Festmahl nach sieben Tagen Fußweg (a piedri). Marcus und seine Freundin fuhren uns gestern am Nachmittag mit dem Auto hierher zu den Elisabethschwestern.

Wir beenden den Pilgerweg mit einem Dankgottesdienst hier im Haus, den ein Schweizer Priester zelebriert. (Zur Messe im Dom hätte es heute nicht mehr gereicht.) So mussten wir früh aufstehen. Ich durfte sogar die Lesung vortragen. „Sie sollen meine Herrlichkeit unter den Völkern verkünden", heißt es da bei Jesaja. Und im Evangelium: „In jener Zeit zog Jesus auf seinem Weg von Stadt zu Stadt, von Dorf zu Dorf." Ja, wir waren es in diesen Tagen, die von Stadt zu Stadt, von Dorf zu Dorf zogen. Wir predigten zwar nicht, aber unser Pilgerweg war auch eine Art „Predigt", ein Stück Verkündigung. Insofern passten die Texte wieder einmal ganz zu uns. Das Friedenstuch mit der Taube lege ich auf die Bank. Vor uns sitzen die Elisabethschwestern, rechts oben die Eliabethstatue mit den Rosen und dem Brot. Wir frühstücken, bedanken uns nochmals bei den Schwestern, wohlwissend, dass ein neuer Abschnitt begonnen hat. Ende und Anfang liegen so dicht beieinander.

In der Innenstadt von Florenz sage ich zu Matthias: „Es ist gut, wenn wir das trockene Brot im Rucksack noch den vielen Tauben füttern, genauso wie wir es bereits in Bologna getan haben; denn hier bei der Kreatur beginnt bereits das „Weitergeben". Ein Bild, das so treffend zu dieser Etappe passt: Die Taube auf dem Rucksack, die Tauben vor uns mit den Brotkrumen. Ein Zeichen des Friedens. Ein Bild zum Festhalten. Wir wollten uns von einem Fotografen am Platz fotografieren lassen. Doch weil er so unsanft mit den Tauben umging, weil sie ihm das Futter in den Tüten auf dem Fotostativ anpickten, nahmen wir aus Protest davon Abstand. Wir bitten einen jungen Österreicher mit seiner Freundin, ein Foto von uns zu machen. Ich hoffe, das Bild wird uns noch zugeschickt. Wir gehen in den Dom. Als wir weitergehen, läuten feierlich die Glocken. Nahe dem Bahnhof an einer Bushaltestelle beten wir zum Abschluss in der Basilika „Maria Novella" den „Engel des Herrn". Ich entdecke links vom Eingang die Verkündigungsszene, den Anfang der Heilsgeschichte.

DRITTE ETAPPE: MIRANDOLA – TRIENT S. MICHELE

Donnerstag, 29. August – Mittwoch, 4. Sept. 1996
ca. 200 km = 7 Wandertage

Mittwoch, 28. August

Ein Schmetterlingsbild ist es, das wir auf meinen Rucksack befestigen. Damit verbinden wir das Thema „Tierschutz“. Wir wollen vor allem auf die Vögel aufmerksam machen, die in Italien immer noch zum Abschuss freigegeben werden. Auf dem Monte Subasio in Assisi habe ich es selbst gesehen und vor allem das Knallen durch die Gewehre gehört.

Und so sind wir ein zweitesmal in Mirandola bei strahlendem Sonnenschein in der Frühe mit dem Nachtzug angekommen, um uns beim Eingewöhnungstag auf die dritte Etappe des Pilgerweges Assisi-Mainz vorzubereiten. Diesmal ist Friedhelm dabei, ein Mitpilger der ersten Stunde. Er begleitete mich bereits beim Testweg Worms-Würzburg im Jahr 1992. Ja, er ist der Erste überhaupt, der dieses Wagnis eines „Bettelweges“ eingegangen ist. Mit ihm machte ich die ersten Erfahrungen, und er trug wesentlich zum Gelingen des Anfangs bei. Friedhelm ist kurzfristig eingesprungen, weil sich niemand fand, der mitgehen wollte. Er ist ein forscher Wanderer, und so bin ich froh, dass er mich begleitet. Doch diesmal ist nicht Anfang, sondern Zwischenstation. Ich kann schon auf zwei gelungene Etappen zurückblicken, und

als wir hier vor einem Jahr ankamen, da stand zweifelsfrei fest, der Pilgerweg wird auf alle Fälle weitergeführt.
Wir machen einen Abstecher nach Bologna zu Radio „TAU“, einem franziskanisch geprägten Sender, der Interesse an unserem Weg zeigt. Bruno, ein Mitarbeiter des Senders, empfängt uns überaus freundlich. Es ist ein Vorgespräch für ein späteres Interview. Ich bin dankbar und froh, dass die Medien unseren Pilgerweg in der Öffentlichkeit darstellen. Es sind bisher einige Berichte verfasst worden, vor allem zu Hause, im Rundfunk und in den Zeitungen. „Ist das franziskanisch“, frage ich mich, wo doch die franziskanischen Brüder und Schwestern des Dritten Ordens nach alter Tradition mehr im Verborgenen wirken sollen. Aber diese „verborgenen“ Gruppen, die über Jahrhunderte sehr insensiv gewirkt haben, gibt es fast nicht mehr. Sie sind überaltert. Selbst das Skapulier, ein kleines Tuch über den Schultern, wurde weithin im Verborgenen getragen. Früher, zu Zeiten des Franziskus, trug man öffentlich eine Kutte wie die Mitglieder der zwei anderen Orden. Da bekannte man sich noch öffentlich zur Ordenszugehörigkeit. Ich meine, wir müssten heute wieder mehr öffentlich „Farbe bekennen“, und wie oft wurde ich schon angesprochen wegen dem „Tau“, das ich täglich, und so auch hier auf dem Weg, trage. Warum sollten nicht die Medien über einen „Bettelweg“ informieren? Warum sollten wir uns nicht öffentlich für den Tierschutz einsetzen im Sinne des hl. Franziskus? Wir dürfen uns in unseren Schneckenhäusern nicht verkriechen. Bekenntnis ist gefragt, auch öffentlich. Und wie oft wurde ich zu Hause angesprochen über unseren „Weg“, und ich kam mit Menschen darüber ins Gespräch. Bruno von Radio Tau gibt uns eine Menge Proviant mit für den ersten Tag. Er ist ein ganz glaubhafter Bruder in Christus. Im Flur des Senders lassen wir uns fotografieren, eine Erinnerung vom Anfang. Den Fotoapparat lasse

ich dort. Ich werde ihn wieder mitnehmen, wenn wir zum Interview in einigen Wochen kommen werden.
Mitten im Stadtgewirr von Bologna entdecken wir vom Bus aus eine Statue des hl. Antonius und gleich daneben das Antoniuskloster mit dem Minoriten-Konvent. Wir sehen auf der Straße den ersten im Habit gekleideten Franziskaner. Hätten wir ihn als solchen erkannt, wenn er in Zivil gegangen wäre? Auch die Ordenskleidung ist ein öffentliches Zeugnis, an dem es unserer Zeit so sehr mangelt.

Donnerstag, 29. August

Es ist Abmarschtag. Wir gehen zur hl. Messe am Gedenktag der Enthauptung Johannes' des Täufers. Da kommt man an dem Begriff Umkehr nicht vorbei. Umkehr bedeutet, dass man einen Weg, der nicht zu Christus führt, wieder verlassen soll. Ohne Umkehr ist das Leben der Nachfolge Jesu nicht denkbar. Umkehr heißt Lebensänderung, da wo es nötig und möglich ist nach den Geboten Gottes. Ohne diese Grundeinstellung wird christliches Leben nicht gelingen. Johannes musste seinen Mahnruf mit dem Leben bezahlen, indem er den König auf seinen unmoralischen Lebenswandel hinwies. So bete ich für alle, die für die christliche Botschaft ihr Leben gelassen haben, besonders für die sieben Trapistenmönche und ihren französischen Bischof in Algerien. Es sind Martyrer unserer Tage.
Da wir am Ankunftstag an einer heiligen Messe teilnahmen, sagte Friedhelm: „Der gestrige Priester hat die Messe gelesen, der heutige feiert sie." Ja, er predigt sogar, und wir lassen uns am Ende den Reisesegen erteilen. Es ist jener Priester, der uns voriges Jahr das Quartier bezahlte und es uns diesmal wieder besorgte. Ich bete auch für alle Priester, die

uns bisher auf dem Weg zur Seite gestanden haben. Es sind viele Leute im Gottesdienst. Sogar ein kleiner Messdiener mit einem roten Pullover, genau in der richtigen liturgischen Farbe, dient am Altar.
Der erste Tag führt uns durch die Po-Ebene und über den großen Fluss an einem Fußgängersteg entlang der Eisenbahnbrücke. Diese Brücke haben wir vorgestern Nacht mit dem Zug überquert. Es ist die Hauptader vom Brenner nach Rom über Verona und Bologna. Ein fruchtbares, gesegnetes Stück Erde, diese Po-Ebene, aber wohl auch gefährdet von den Unbilden der Natur. Wir sind froh, dass wir bis jetzt noch in keine Gewitterfronten hineingeraten sind, wie gestern auf der Fahrt von Bologna nach Mirandola, als auch noch Hagelschauer gegen die Fenster prasselten. Hier können sich kräftige Regengüsse entladen. Das ist für das Wachstum der großen Felder sehr gut, aber nicht für uns Fußpilger, die wir in einer derartigen Ebene kaum Unterstellmöglichkeiten finden.
In Ostiglia angekommen, suchen wir unser erstes Quartier und klopfen an der Tür der Maria-Himmelfahrts-Pfarrei an. Der Kaplan Don Paulo empfängt uns sehr freundlich und weist uns einen Raum der Pfadfinder zum Übernachten an. Wir machen uns frisch und folgen einer Einladung zur Vesper. Für uns ein willkommenes Zeichen am Todestag des Johannes des Täufers. Wir dürfen in einer Taufkapelle mit bunten Glasfenstern, die die Taufe Jesu darstellen, in Italienisch beten. Noch nie habe ich in der Sprache des Francesco von Assisi so innig mitgebetet. Soeben fliegt eine Feder auf mich zu. Die Feder flattert auf meine Hand und liegt jetzt auf meinem Handrücken. Sie erinnert an die Taube als Symbol der Taufe Jesu.
Ja, und dann werden wir zum Essen bei einer Familie eingeladen, nicht weit weg von unserem Quartier. Klara und Azzole mit den beiden Töchtern Sarah und Rolaera essen mit uns. Die Familie bereitet spontan dieses Essen vor. Uns schlägt

wieder so viel Herzlichkeit entgegen. Es ist eine intensive Begegnung mit religiös geprägten Menschen. Der Sohn weilt in Taizé und Sarah fährt heute mit den Pfadfindern nach Assisi, dem Ausgangspunkt unseres Pilgerweges. Die einen pilgern dorthin, die anderen, wie wir, kommen von dort. Heilsorte haben eine magische Anziehungskraft über Jahrhunderte hinweg.
Wir gehen noch zu einer Eucharistiefeier mit eucharistischer Andacht. Kaplan Bruno stellt uns der Gemeinde vor und man spürt die Lebendigkeit dieser Gemeinde. Das ist ein großer Segen. Nicht überall finden wir diese Lebendigkeit vor. Aber sie steht und fällt mit dem Ortspfarrer. Das haben wir bisher gut beobachten können: Die jungen Kapläne sind durchweg sehr religiös und dynamisch, bringen durch viele Gruppen Leben in die Gemeinden und haben Kontakt zu Gemeindegliedern, die uns wohlwollend als Pilger und Fremdlinge aufnehmen.

Freitag, 30. August

Wir brechen auf und frühstücken noch im Pfarrhaus. Ein afrikanischer Bischof aus Benin ist anwesend. Er weilt hier zu Besuch und von ihm bekommen wir den Reisesegen erteilt. Von einem Bischof ! Das ist uns auch noch nicht widerfahren. Ich bin wie immer voller Zuversicht. Meine Fröhlichkeit und positive Grundeinstellung kommt mir sehr zu Hilfe, auch und besonders auf diesem Pilgerweg. Angst und Misstrauen, schlechte Laune und Miesmacherei sind keine guten Begleiter.
Es ist gut und schön, nach 15 Kilometern Fußmarsch eine Pause einzulegen. Das reicht schon einmal für den Vormittag. So lagern wir erneut im Schatten einer Kirche. Putzfrau-

en machen sich im Inneren der Kirche zu schaffen. Was wäre die Kirche ohne diese freiwilligen Helferinnen und Helfer. Auch wir leben im „Schatten“ der Kirche, wir werden überwiegend von Pfarrgemeinden aufgenommen. Wieviele Menschen leben im „Schatten der Kirche“. Das muss man einmal festhalten, weil diese Mutter Kirche allzuoft heftiger Kritik ausgesetzt ist. Jede Pfarrgemeinde müsste einmal alles zusammenstellen, was sie in caritativer und sozialer und religiöser Hinsicht Tag für Tag, Sonntag für Sonntag, leistet. Das ist gewiss nicht wenig, auch heute noch. Dennoch gibt es Unterschiede des Engagements, und wir spüren das auf dem Pilgerweg ganz genau.
Wir gehen in der Po-Ebene weiter bei glühender Hitze um 25–30 Grad im Schatten. Aber Schatten finden wir keinen, weil keine Bäume den Wegrand säumen. Wälder gibt es hier auch nicht. Nur fruchtbare Felder, soweit das Auge sehen kann. Friedhelm hat Blasen bekommen. Gottlob bin ich bisher davon verschont geblieben. Lediglich bei dem Testweg bekam ich einmal Blasen, weil uns ein Umweg 10 Kilometer mehr an Tagespensum kostete als vorgesehen.
Nach 28 Kilometern Tagesmarsch werden wir das erstemal von einem Pfarrer wenige Kilometer vor Verona abgewiesen. Nach der gestrigen wunderbaren Begegnung in Pfarrhaus und mit der Familie erleben wir die erste Enttäuschung. Nicht, dass der Pfarrer uns nichts geben will, ist für uns so enttäuschend, sondern die Art der schroffen Ablehnung. Im Pfarrhaus eines Innenhofes fragten wir ihn. Wir bitten ihn, bei der letzten Übernachtung anzurufen, um sich abzusichern. Nicht einmal zu einem Telefongespräch für eine Vermittlung einer anderen Möglichkeit ist er zu bewegen. Erstmals kommen wir uns wie Ausgestoßene vor. Aber diese Erfahrung ist ganz wichtig, weil wir daran spüren, welches Vertrauen uns bisher unverdienterweise zuteil wurde.

In diesem Innenhof fragen wir bei einer Familie weiter und wir bekommen 6000 Lire geschenkt. Was für ein Kontrast: Hier schroffe Ablehnung, und da Verständnis und Annahme. Aber so ist das eben im Leben, auch auf einem Pilgerweg. Warum sollte das auch alles glatt laufen und gut gehen?
Also fragen wir einmal in einer Albergo, einer hotelähnlichen Unterkunft. Und siehe da, wir werden an- und aufgenommen. Wir bekommen ein Doppelzimmer. Weiß-rote Fliesen zieren die Wände des Bades. Wir dürfen kostenlos übernachten. Eine Wohltat nach der „Wüstenwanderung" Po-Ebene und den hohen Temperaturen. Für die Franziskaner von damals hätte dies ein Stück Himmel bedeutet. Für uns ist es auch ein Geschenk des Himmels. Und es ist gut, dass wir nicht nur „im Schatten" von Kirchen, also von Pfarrgemeinden leben, sondern erfahren, dass auch Menschen außerhalb der Amtskirche ihr Christsein glaubwürdig unter Beweis stellen.
Der Priester, der uns nicht aufnahm, er war einfach hartherzig. In ihm war keine Spur von Entgegenkommen. Fast 30 Kilometer waren wir in gleißender Hitze gelaufen, meistens auf nacktem Asphalt und ohne schattige Bäume, und da riet er uns, noch bis ins 9 Kilometer entfernte Verona zu gehen. Gott sei Dank bleiben solche Erfahrungen die Ausnahme. Dagegen stehen ganz wunderbare Priester und wunderbare Leute, die uns gerne, mit Herz und Freude geben, was wir zu essen und zu trinken brauchen.

Samstag, 31. August

Unser erstes Teilziel dieser Etappe ist erreicht: Verona, die Festspielstadt. Wir sind trotz des Regens gut vorangekommen. Die Nacht über gewitterte es, auch noch heute morgen, und so sind wir etwas später bei leichtem Regen losgegangen. Es war ja nur ein kurzes Stück heute. Aber wir haben das Ende der Po-Ebene erreicht und vor Verona ist schon ganz deutlich die Alpenkette zu erkennen. Friedhelm und mir ist klar, dass uns somit ein neuer Wegabschnitt bevorsteht.

Jede Etappe wird von bestimmten Landschaften geprägt. Bei der ersten war es der Trasimenische See, der in seiner beschaulich-ruhigen Lage faszinierte. Bei der zweiten Etappe war es der Appenin, den es zu überqueren galt. Und diesmal ist es die fruchtbare Po-Ebene, die in ihrer flachen Landschaft nicht gerade weniger anstrengend ist.

Gegen 16.00 Uhr kommen wir an und haben erneut Schwierigkeiten, ein Zimmer zu bekommen. Betrüblich ist es heute, dass uns ein Franziskanerkonvent abweist, bei dem wir zuerst an der Pforte anklopfen. Der Klosterbruder mit dem Handy ist nicht bereit, uns aufzunehmen. Ich mache ihm deutlich, dass uns der Säulengang einer der zwei Innenhöfe von ca. 10 x 10 Metern ausreicht zum Schlafen im Freien, aber auch dieses Ansinnen lehnt er ab. Ich zeige ihn meinen Übersetzungszettel, auf dem unser Anliegen in italienischer Sprache steht, aber darüber lächelt er nur. War es gestern ein Priester, der uns nicht aufnahm, so ist es heute ein Ordensmann, vermutlich der Leiter des Klosters. Erst jetzt wird mir deutlich, dass wir uns in einer reicheren Gegend befinden. Ich merke, je reicher auch eine Stadt ist, umso innerlich ärmer sind ihre Bewohner, auch im geistlich-klösterlichen Bereich. Ich denke, was hilft da die neuste Technik wie ein Handy, wenn es an Liebe fehlt. Auch ist mir klar, dass alle möglichen und unmöglichen Leute an so einer Klosterpforte anklopfen. Dennoch verstehe ich nicht die Hartherzigkeit, wobei uns doch der nackte Boden innerhalb der Klostermauern ausgereicht hätte. Es ist ja warm, aber wir wollen nicht

mitten in dieser Stadt draußen irgendwo auf dem Pflaster schlafen.
Wir ziehen weiter und landen bei einer Essensausgabe für Obdachlose. Nein, hier sind wir fehl am Platz. Diesen Menschen wollen wir wirklich nicht etwas wegnehmen. Eine etwas deutsch sprechende polnische Ordensfrau macht uns Mut und verweist uns zum Don-Bosco-Haus bei den Salesianern. Hier nimmt uns endlich nach langem Suchen der Leiter des Hauses auf. Wir gehen in den oberen Stock und dürfen auf Feldbetten in einem großen Saal übernachten. Aber was macht es aus, wir sind froh, dass wir untergekommen sind. Es ist immer die gleiche Feststellung: Wer gewillt ist, uns aufzunehmen, der findet auch eine Lösung. So auch hier.
Wir haben noch Zeit, uns in Verona etwas umzusehen. Ich sitze auf einem Sockelfundament einer Steinsäule im Hof der Zitadelle von Verona. Die Umrisse der hohen Mauern türmen sich vor mir auf, und auch heute Abend wird hier viel Betrieb sein wegen der ständigen Aufführungen um diese Zeit. Verona ist eine wunderschöne Stadt, im Gegensatz zu Bologna. Eine kleine, überschaubare Stadt am „Balkon" der Alpen, aber wegen der Festspiele in der Arena zieht sie eben viele Touristen an, vornehmlich auch Leute aus Deutschland. Wer sich hier eine Eintrittskarte für eine Oper oder eine andere Veranstaltung ergattert hat, zählt schon zu den Privilegierten. Schicke Mode, Vornehmheit und Stadtbewusstsein prägen den „Touristentempel" vor und um die Arena. Und bei den Sehenswürdigkeiten wie die Burg und das Areal um die Kirche „St. Zeno" laufen die Touristen mit dicken Reiseführern in der Hand herum und hetzen von einem zum anderen Museum, damit ihnen ja nichts an Kunst und Kultur entgeht. Wir mit unserem Rucksack wirken dagegen wie Fremdkörper. Wir kommen uns in dem vornehmen Getümmel recht ärmlich vor. Franziskus hätte sich hier vermutlich

auch nicht wohlgefühlt. Es ist hier eine andere Welt als jene, die uns bisher unterwegs bei den einfachen Leuten begegnet ist. Das ist für einen Abend und eine Nacht aber durchaus auszuhalten.
Die Glocken läuten den Sonntag ein, und es ist gut, dass wir beide – Friedhelm und ich – uns für kurze Zeit getrennt haben. Man ist ja ständig mit seinem Mitpilger nahe zusammen. Man kann sich ja kaum aus dem Weg gehen, auch wenn der eine oder andere in der Stille mit Sichtkontakt vor oder nach einem geht. Morgens, Mittags und Abends ist man generell sieben Tage bei einer Etappe auf engem Raum zusammen. Da staut sich schon menschlicher Konfliktstoff auf, der in einer kleinen Trennung abreagiert werden kann. Bisher gab es diesbezüglich mit Friedhelm keine Probleme. Er ist sehr bereit, sich auf die ständig wechselnden Umstände mit wenigen Ausnahmen einzulassen.

Sonntag, 1. September

Wir haben in diesem riesengroßen Schlafsaal gut ausgeschlafen. Erst am gestrigen Abend bemerkten wir, dass hier auch noch viele Carabinieri nächtigten. Sie machen Dienst in der Stadt und sorgen für Ruhe und Ordnung. Offenbar ist dafür ein ganzes Kontingent an Einsatzkräften nötig, was die örtliche Polizei nicht bewerkstelligen kann. Für uns war es auch einmal interessant, die Carabinieri in ihren schneidigen Uniformen auf unserer Schlafebene beim Dienstantritt zu sehen.
Friedhelm wundert sich im Nachhinein und ist erstaunt darüber, dass dasabweisende Verhalten des Klosterbruders meinen persönlichen Glauben nicht beeinträchtigt. „Enttäuscht bin ich schon“, sage ich, „aber wie sollte mein inne-

rer Glaube davon betroffen sein." Daran merke ich, dass dieses Ereignis noch nachhaltig auf uns wirkt.
Wir verlassen Verona und biegen in das Etschtal ein mit den kleinen, wunderbaren Dörfern und den spitzen Kirchtürmen. Wir kommen in das weinreiche Gebiet des „Valpolicella". In einem Ristorante, in dem eine vornehme geschlossene Gesellschaft zu Mittag isst, bekommen wir zwei Brötchen und eine Flasche Aqua Minerale, also Sprudelwasser. Zusammen mit den süßen Trauben ist dies ein kräftiges Mittagessen. Es ist leicht bewölkt und zum Laufen herrschen gute mittlere Temperaturen. Froh und glücklich und vor allem dankbar und zufrieden wandern wir weiter.
Wir kommen gut vorwärts und erreichen am Abend Dolce, einen kleinen Ort, in dem gerade ein Pfarrfest gefeiert wird. Der Pfarrer ist schnell auszumachen. Er liest flüchtig unseren Übersetzungszettel und macht uns deutlich, dass er für uns keinen Platz habe. Allein die Garage könne er uns zur Verfügung stellen. Wir sagen zu und begeben uns zum Fest, sehen uns ein Fußballspiel mit der Pfarrjugend an, aber es knurrt der Magen. Wir essen Risotto und Pommes frites von dem übrigen Geld, den Notgroschen von unterwegs. Der Pfarrer geht vorbei und wünscht uns im Zelt einen guten Appetit.
In der Garage bereiten wir anschließend unser Nachtlager vor: Iso-Matte, darunter Holzplatten und den Schlafsack. Wegen der einsetzenden Kälte in den Bergen müssen wir uns das erstemal warm anziehen, also einen Pullover. Friedhelm meint, eigentlich hätten wir den Schlafplatz in der Garage, einen Abstellplatz für Gerümpel, als Angebot des Pfarrers nicht annehmen dürfen. Doch ich denke, lieber ein Dach über dem Kopf – und sei es auch noch so primitiv – als gar nichts. Der Wind bläst in die Garage, und wir öffnen wieder das Garagentor wegen des ständigen Klapperns. Jetzt lie-

gen wir offen vor dem Weg, an dem der Pfarrer vom Fest unbedingt vorbeikommen müsste. Für ihn eine Art offene Anklage, denken wir. Und er kam auch noch vorbei, redete aber kein Wort mit uns, wohl in der Annahme, wir würden schon schlafen.

Noch nie hatte ich an Ratten gedacht, die im Schlaf über einem hin und her laufen könnten. Wegen der Müllhalde daneben wurde ich aber diesen Gedanken beim Einschlafen nicht los. Gott sei Dank kamen keine. Dass die „Wahl" mit der Garage gut war, stellte sich spätestens in aller Frühe heraus, als wir uns draußen am Wasserhahn waschen und feststellen, dass es nachts geregnet hatte.

Den Pfarrer muss es noch gedämmert sein, dass er uns ein wenig christlicher hätte behandeln können. Er kommt jedenfalls zu uns in die Garage und lädt uns zum Frühstück ein. Ein lockeres Gespräch lässt alle Verunstimmungen verfliegen. Offenbar hatte er wegen anderer Gäste im Pfarrhaus wirklich keinen Platz für uns. Das mit der Garage war ja auch in Ordnung. Vielleicht waren wir auch verwöhnt wegen der guten Übernachtungen bisher. Wir störten uns nur daran, dass er uns so links liegen ließ, auch den Abend über beim Pfarrfest. Doch das war ja nun wieder gut gemacht und wir bedanken uns bei ihm für die Aufnahme und das gute Frühstück. Oft braucht es eben etwas Zeit, bis Menschen helfend zueinander finden.

Montag, den 2. September

Am Marktplatz von Barghetto legen wir eine Verschnaufpause ein. Er ist besonders schön in dieser Idylle. Hinter mir die ruhig dahinfließende Etsch, vor mir die Berge, also die Alpen in ihrer gewaltigen Wucht. Nach der flachen Po-

Ebene empfindet man die hohen Berge besonders mächtig. Gerade in diesem Augenblick kommt einer der wundersbarsten Schmetterlinge angeflogen, ein Schwalbenschwanz, und während ich dies schreibe, lässt er sich auf meinem Rücken nieder. Schmetterling! Er ist das Symbol meines Tierschutz-Tuches auf meinem Rucksack. Zweimal trug ich es bisher offen auf dem Rucksack. Einmal, als wir bei einer Legebatterie von Hühnern ankamen, dicht neben der Straße. Die Anlage erinnerte mich sofort an Auschwitz. Halle an Halle stand da monoton in Reih und Glied. Dazu das Geschrei der Hühner. Ich habe so etwas nur auf Bildern gesehen. Aber das hat mich als Franziskaner zutiefst erschüttert. Am liebsten hätte ich sie alle befreit und herausgelassen. Hier wird die Kreatur nicht nur gedemütigt, sondern zutiefst gequält und geschunden. Seit Jahren esse ich kein Ei aus den Supermärkten, und die Franziskaner müssten lautstark ihre Stimme erheben gegenüber dem „schreienden“ Unrecht, das hier den Tieren angetan wird. Wo sind die Gesetze, die das verbieten? Demonstrativ entfaltete ich meinen Tierschutz-Aufhänger, obwohl ich doch gegen den Vogelabschuss öffentlich demonstrieren wollte. Dies tat ich denn auch, als wir das Geballere der Gewehre hoch oben auf den Bergen mehrere Male hörten. Ganz bewusst entfaltete ich meinen Rucksack-Aufhänger mit dem Schmetterling, und immerhin müssen unterwegs viele Menschen das Bild mit dem Text gesehen haben. Der Schmetterling ist für mich Symbol der Freiheit, nicht nur für die Menschen, sondern für die ganze Schöpfung.

Jetzt in diesem Augenblick spielen Kinder am Dorfbrunnen. Man möchte länger verweilen. Aber um voranzukommen, drängen wir zum Weitergehen. „Atomwaffenfreie Zone“, heißt es beim Eintritt in das Trentino-Gebiet auf einem Schild. Ja, mögen hier und nirgendwo auf der Erde mehr Atomwaffen

hergestellt und eingesetzt werden, auch nicht zu Versuchszwecken. Wer versucht, der ist in Versuchung, das Versuchte im Ernstfall auch einzusetzen. Die ganze Erde müsste man zur „atomwaffenfreien Zone" erklären. Doch was helfen die besten Deklarationen, wenn sie nicht eingehalten werden. Friedhelm und ich haben jedenfalls wieder viel Gesprächsstoff auf dem Weg.
Weintrauben gibt es hier in Hülle und Fülle, auch Feigen. Mir schmecken sie besonders gut, und ich habe den Eindruck, da sind viele Vitamine darin, Aufbaustoffe, die den Körper stärken. Man kann sich ja nur wenig von den Bäumen und Sträuchern mitnehmen, wegen des Gewichtes. Und wenn man lange genug Obst gegessen hat, dann möchte man wieder etwas festere Nahrung zu sich nehmen.
Nach über 30 Kilometern kommen wir müde und abgespannt an einen Ort. „Bis hierher und nicht weiter", empfinden wir beide und die Beine wollen auch nicht mehr so recht mitmachen. Also ein Quartier suchen. Wir gehen von der Straße in die Ortsmitte und klopfen an einer Pfarrhaustür an, doch wird uns gesagt, der Pfarrer sei im Krankenhaus. Mit letzter Kraft schleppen wir uns in ein gegenüberliegendes Dorf. Auch hier macht uns niemand auf am Pfarrhaus. Der Nachbar sagt, der Pfarrer sei weggegangen. In unserer Not stehen wir somit regelrecht wieder auf der Straße. Wir überlegen, ob wir an dem Haltehäuschen an der Bahnstation übernachten sollen. Nachdem diese Idee verworfen wurde, entschließen wir uns, zurückzugehen zu jenem Ort, den wir bereits durchschritten haben. Auf der Straße hält ein Auto an und ein junger Mann fragt uns, ob er uns mitnehmen könne. Das war wieder so ein Engel in größter Not. Wir willigen ein. Der junge Mann fährt uns nach Ala und begleitet uns zu zwei Pfarrgemeinden, die uns aber nicht aufmachen. Wir fragen weiter und der junge Mann geht mit uns zum Kloster der

„Barmherzigen Brüder“. Es ist schon erstaunlich, wie er bei uns bleibt, bis wir eine Unterkunft finden.
Der junge Italiener versucht an der Sprechanlage, dem Prior zu erklären, wer wir sind und was wir machen. Aber auch hier lässt uns niemand ein. Es ist schon fast dunkel und ich sehe am Portal der Klosterkirche eine Heiligenstatue. Sie sieht aus wie der hl. Franziskus auf dem La Verna. Nach der dritten Ablehnung in diesem Ort, der fünften an diesem Abend, zumal jetzt an einem Kloster, ist der junge Mann etwas traurig. Er spricht gebrochen Deutsch, von daher können wir uns gut verständigen. Wir schauen uns ratlos an. Auch ich bin dem Weinen nahe ob dieser Enttäuschung. Da sagt der junge Mann, so als wolle er sich für den Prior entschuldigen: „Kommt doch mit in meine Garage.“ Also steigen wir wieder in sein Auto und er fährt uns etwa zwei Kilometer weiter in eine andere Ortschaft, und tatsächlich wohnt er in einer Keller-Doppelgarage.
Ein heilloses Durcheinander erfüllt den Raum. Aber wen störts. Wir sind untergekommen und das ist jetzt das Wichtigste. Wir unterhalten uns noch sehr angeregt, nachdem andere junge Leute dazugekommen sind. Für das Nachtlager werden alte Sessel zusammengerückt. Der junge Mann sagt: „Dies ist heute euer Zimmer, in der Wohnung meiner Mutter.“ Wir bekommen heraus, dass er studiert und hier notdürftig leben darf. Es selbst hat auch nicht viel. Ein kleiner Tisch steht in der Mitte, großflächige Bilder hängen an den Wänden und zeugen von indischer Kultur sowie griechischer Mythologie. Er spricht oft von Zeuss und dass er viele Götter verehre. Beim Einschlafen kreisen die Gedanken in meinem Kopf herum. Ich kann es gar nicht fassen und einordnen, diesen Kontrast. Da das Kloster der Barmherzigen Brüder mit der Heiligenfigur an der Fassade der Klosterkirche. Der Prior hielt es nicht für nötig, herunterzukommen und sich die

Fremdlinge anzusehen. Die Kommunikation fand über die Sprechanlage statt. Da also Menschen, die sich Christen nennen und als Christen handeln sollen, und hier ist jemand, der weiß vermutlich kaum etwas von Christus, huldigt anderen Göttern und handelt in der reinsten Form im Sinne des Evangeliums Jesu Christi. Wir fragten noch, warum er uns tags zuvor auf der Straße auflas, und er sagt, dass ihm unser Humpeln auffiel, deshalb hielt er an.

Dienstag, 3. Septemper

Erst beim Aufstehen in der Dopppelgarage merken wir, dass wir unter einem Kreuz geschlafen haben. Also hat er auch das christliche Kreuz in seiner „Wohnung" hängen. Und nachdem uns Mattheo mit seinem eigenen gebackenen Kuchen ein Frühstück macht, fährt er uns wieder zu jener Stelle an die Straße, wo er uns am gestrigen Abend aufgeladen hatte. Da spätestens wiederholte sich die biblische Geschichte vom barmherzigen Samaritan aufs Neue.

Wir fragen uns, warum nur hat die Hilfsbereitschaft ab der Po-Ebene so drastisch abgenommen, wo sie doch vergleichsweise in Umbrien und in der Toscana so groß war. Da muss doch etwas anderes sein. Nun, wir finden eine Erklärung lediglich darin, dass die Leute dieser Gegend in Norditalien wohl sehr reich sein müssen durch die Industrie, durch den Tourismus und durch die Segnungen der Natur. Reichtum macht die Menschen innerlich arm. Das war schon zu Zeiten des Franziskus so.

Bei der letzten Übernachtung in Mattenello kurz vor Trient werden wir dann von allen Pfarr- und Klosterenttäuschungen der letzten Tage wieder voll und ganz entschädigt. Der Priester überlegt nicht lange und weist uns den Pfarrsaal zum Übernachten zu. Er selbst kocht uns ein schmackhaftes Mahl mit Spaghetti, Soße und bewirtet uns mit Rotwein. Diesmal schlafe ich unter der Wladimir-Madonna, jener Ikone, die zu Hause bei uns im „Franziskanischen Zentrum" im Marterl steht. Maria wird uns auf diese Weise in Erinnerung gerufen, dass sie auch diesen Weg wieder mitbegleitet hat.

Mittwoch, 4. September

Aber der Weg ist noch nicht zu Ende. Wir frühstücken mit dem Pfarrer, gehen zur heiligen Messe und brechen auf. Der letzte Wandertag. An der Straße stehen mehrere Prostituierte rechts und links kurz vor Trient in den Haltebuchten und bewegen sich werbend um Freier wie Schmetterlinge mit einem eigenartigen Summton. Friedhelm, der ein Stück vor mir auf der rechten Straßenseite geht, scheint nicht viel Notiz von den afrikanischen Frauen zu nehmen. Während ich rechts an den Frauen vorüberziehe, nehme ich mein Tau in die Hand und zeige es jener Frau, die mir anwerbend zuwinkt. „Wir sind durchziehende Pilger" soll diese meine Geste andeuten. Daraufhin holt die Prostituierte – vermutlich ein Kreuz – aus ihrer Bluse und zeigt es mir ebenso gestenreich, als wollte sie sagen: „Ein christliches Symbol tragen wir auch mit uns." Ich merke, dass uns etwas mit diesen Frauen verbindet: Diese sind arm aufgrund ihrer Herkunft und wir sind arm aufgrund einer freiwillig gewählten Situation für eine Woche lang. Hüten wir uns, solche Frauen zu verurteilen. Sie tragen ihr Kreuz, sie sind auf ihre Weise religiös. Mir tun sie jedenfalls leid und wir beten am Abend für alle Frauen, die keinen anderen Ausweg sehen, als sich auf diese Weise ihr Geld zu verdienen.

Es war schon eigenartig: Jesus wurde am Ende seiner 40-tägigen Fastenzeit auch in Versuchung geführt. Sollte dies etwa so etwas wie eine Versuchung sein, kurz vor dem Ziel, am Ende der dritten Etappe unseres Pilgerweges?
Wir erreichen Trient, die Stadt als Sammelort der Franziskaner von 1221. Von dort aus sind sie gemeinsam gen Norden losgezogen. Aber Friedhelm und ich haben nicht viel Zeit, sondern ruhen uns nur kurz an einem Brunnen vor der berühmten Konzils-Basilika aus. Wir ziehen weiter bis S. Michele. Dieser Ort wurde ausgewählt, weil die nächste Etappe zu lang wäre. Gegen 16.20 kommen wir an und sind am Ziel. Oben in der Kapelle sprechen wir ein Dankgebet. Der heilige Michael wird oft mit dem getöteten Drachen dargestellt. Bilder von gestern? Ich glaube nicht. Wer nach Heiligkeit strebt, und dies sollte ja jeder Christ, sollte zuerst das „Untier“ töten, das in jedem von uns steckt. Anders ausgedrückt: Der Mensch steht im ständigen Kampf mit den Mächten des Bösen. Wer diesen Kampf bestanden hat, der kann sich am Ziel wähnen.
Wir jedenfalls sind an unserem Pilger-Etappenziel angelangt. Wir haben noch etwas Geld von unterwegs und fahren mit der Kleinbahn nach Trient zurück und übernachten im dortigen Franziskanerkloster. Die Franziskusbrüder nehmen uns freudig auf, und wir bekommen jeder ein Zimmer zugewiesen. Das Geld, das ich in Mirandola aufgab, ist angekommen. Der Guardian händigt es mir aus. Wir machen uns frisch und gehen in den Speisesaal. Dort dürfen wir mit den Franziskusbrüdern essen. Wir reihen uns ein in die Schlange der Wartenden beim offenen Büffet. Jene Brüder, die Deutsch sprechen, erzählen freimütig von ihrem oft langen Klosterleben. Ich habe Respekt vor diesen Menschen, die in der heutigen Zeit einen derartigen spirituellen Sonderweg wagen. Es sind innerlich gereifte Persönlichkeiten, Origina-

le, die natürlich auch verletzlich sind. Aber hier wird gebetet, hier wird Gemeinschaft erfahren, hier wird miteinander geteilt, hier spüren wir ganz deutlich den Geist des heiligen Franziskus Der Bischof von Trient hatte uns noch von zu Hause aus die Franziskaner empfohlen. Hier fühle ich mich wie zu Hause, hier sind wir geborgen, und nach einer derartigen Pilgerstrecke mit viel Dramatik tut es gut, echte Gastfreundschaft zu erleben.
Lediglich mit Friedhelm gab es noch einige Verstimmungen wegen seiner Eile in den letzten Tagen. Er drängte, einen Tag früher als vorgesehen anzukommen, und setzt es auf diese Weise auch durch. Wir fahren zwar erst morgen mit dem Zug wieder nach Hause, aber die gewohnte Pilger-Gelassenheit konnte sich in den letzten Tagen nicht einstellen. Er ging mir zu schnell, zu hastig und zu ungestüm. Wegen seiner Verpflichtungen zu Hause kann ich es jedoch verstehen, und auch Loni wird sich über den früheren Ankunftstag freuen. Ich werde morgen noch in den Dom gehen, um Gott zu danken für das Gelingen dieser gewiss nicht leichten Etappe, bei der wir sehr viel Ablehnung, aber auch tiefe Annahme und Verständnis lieber Menschen erfahren haben.

VIERTE ETAPPE: TRIENT (S. MICHELE) – INNSBRUCK

Freitag, 5. – Donnerstag, 11. September 1997
ca. 180 km = 7 Wandertage

DONNERSTAG, 4. SEPTEMBER

Fünf Tauben sitzen vor mir auf der Naturstein-Mauerleibung unterhalb des Franziskanerklosters in Trient. Die „Stadt des Konzils“ breitet sich unterhalb vor mir in der morgendlichen Sonne aus. Mit Sonnenschein beendeten wir voriges Jahr die dritte Etappe des Pilgerweges und mit Sonne beginne ich sie. Ein gutes Zeichen für das, was vor mir liegt. Die vierte Etappe werde ich alleine gehen, dazu habe ich mich nach dem gestrigen plötzlichen Ausfall von Matthias entschlossen. Auch wenn ich noch in großer Sorge um ihn bin und nicht weiß, warum er nicht gekommen ist, werde ich morgen starten, nachdem ich mich wieder das ganze Jahr auf dieses geistliche Unternehmen vorbereitet habe. Innerlich wie äußerlich. Trotz der Sorge um Matthias habe ich ein gutes Gefühl, dass diese Etappe gelingen wird. Es sprechen keine anderen Zeichen dagegen. Und durch dieses innere Hineinhören bin ich sehr sensibel geworden. Gäbe es auch nur den geringsten Anhaltspunkt zum Abbrechen, ich wäre nicht hier.
Mit dem Nachtzug kam ich in aller Frühe an, direkt nach unserer Fatima-Reise aus Portugal. Flugzeug, Bahn, Wanderschuhe, dies sind ganz unterschiedliche Welten binnen weni-

ger Tage. Da bleibt nicht viel Zeit zum Nachdenken. Gestern noch feierten wir im kleinen Kreis den Aussendungsgottesdienst mit dem Thema „Ökumene". Schade, dass von amtskirchlicher Seite niemand kam. Dennoch waren wir Vertreter von drei christlichen Konfessionen, die miteinander beteten: evangelische, orthodoxe und katholische Christen.

Mir ging es um das „kleine Zeichen", und ich stelle drei Grundgedanken meiner Ansprache in den Vordergrund: 1. Abbau von Vorurteilen, 2. Gemeinsamkeiten erkennen und 3. Tun, was uns eint, was möglich ist in Gottesdienst, Gebet und gemeinsamen Aktionen. Mit diesem „Gepäck" im Rucksack komme ich hierher.

Mein erster Weg am Eingewöhnungstag führt mich in die Konzilskirche „S. Maria Maggiore". Zuerst glaubte ich, der Dom sei jene Kirche, in der die berühmte Kirchenversammlung stattfand. Erst aus einer Postkarte, auf der ein historisches Gemälde abgebildet ist, erfahre ich, dass es diese Marienkirche ist. Ich sitze in der Bank und lasse auf mich einwirken, was hier damals kirchengeschichtlich geschehen ist. Das „Trienter Konzil", das als Reaktion auf die von Luther angestoßene Kirchenspaltung einberufen wurde, begann vor 450 Jahren (13. Dezember 1545) unter Papst Paul III. Man besann sich auf die eigentlichen „katholischen Werte" und versuchte einen Neuanfang, der freilich die aufgerissenen Gräben nur noch vertiefte.

Ich bete für die Wiedervereinigung im christlichen Glauben und bin mir bewusst, dass „Ökumene" nur dann Wirklichkeit werden wird, wenn sich alle Christen in einen radikalen Erneuerungsprozess begeben werden an der Schwelle des Dritten Jahrtausends. Ich bin froh, dass ich im Christus-Jahr hier sein darf, das der Papst ausgerufen hat. Jener Papst Johannes Paul II., der zum Jubiläumsjahr 1995 im April hier war. Eine Marmortafel über mir erinnert an dieses Ereignis.

Es gibt kaum einen Flecken auf der Erde, den er nicht bereist hat, dieser unermüdliche Pilger als Zeuge des christlichen Glaubens.
Trient und Vaticanum II, beide Konzile haben miteinander zu tun. Das eine nach der Reformation, das andere vor der Einheit, wie immer sie aussehen und wann immer sie geschehen wird. Sie wird nicht am Reißbrett in den Hirnen der Theologen stattfinden, sondern Stück für Stück wachsen, vom Geist Gottes geleitet und inspiriert. Aus der Rückbesinnung auf die gemeinsamen Quellen wird ein Erneuerungsprozess einsetzen müssen, und der wiederum wird erst den Einigungsprozess hervorrufen.
Jetzt ist es ganz still in der Kirche. Vorher betete noch ein Mann vor mir, aber inzwischen ist er weggegangen und ich bin allein. In der Stille wachsen oft auch die eigentlichen Veränderungen in der Kirche, wie die Saat im Winter. Dennoch müssen wir alle für die Einheit etwas tun. Wir müssen uns für sie mit aller Kraft einsetzen, sonst machen wir uns mitschuldig, wenn sie nicht zustande kommt. Morgen werde ich das Transparent auf dem Rucksack tragen. “Damit alle eins seien“ steht darauf, und es sind fünf Fische dargestellt. Nach dem Verlassen der Kirche „S. Maria Maggiore“ schreibe ich drei Begriffe auf die Stadtkarte, von denen ich meine, dass sie für die Erneuerung der Kirche wichtig wären. Nämlich: Abspecken, Askese und Gebet. Wir, d.h ich muss abspecken, auch leiblich. Wenn ich meinen Körper betrachte – und ich habe ihn heute morgen betrachtet – wie dick ich geworden bin, dann wird es höchste Zeit, damit entschiedener anzufangen. Nicht wegen eines Schönheitsideals, sondern als Zeichen für den geistig- spirituellen Bereich. Kirche muss „abspecken“ in unserem Land. Wir leiden an geistiger und leiblicher Verfettung. Der Pilgerweg morgen ist ein guter Anfang und wird zu Hause fortgesetzt werden. Aszese gilt für

alle Bereiche, nicht nur für die sexuelle Begierlichkeit. Möglich ist das alles nur durch intensives Gebet. Das entstehende Vakuum kann dann gefüllt werden mit geistlich-seelischen Werten. So will ich heute Mittag gleich ernst machen mit dem „Abspecken". Ich sortiere Sachen aus dem Rucksack, die ich nicht brauche. Ich werde nichts mitschleppen, was ich nicht unbedingt benötige. Ich werde zur Post gehen und Überflüssiges nach Hause schicken. Ein zweites Paket wird folgen.
Es ist inzwischen Abend geworden, die warme Luft kühlt langsam ab, und ich sitze in einer Zelle des Franziskanerklosters, direkt neben dem Büro des Guardians, der mich wieder freundlich aufgenommen und mich zum Abendessen eingeladen hat. Loni hatte angerufen und sagte mir, dass Matthias wieder aufgetaucht ist, aber endgültig nicht am Pilgerweg teilnimmt. Ich danke Gott für meinen „Trienter Tag", an dem ich mir viel ansehen konnte: Neben der Kirche San. Lorenzo mit den herrlichen Buntglasfenstern war ich noch im Dom und sah mir jenen Brunnen an, an dem wir – Friedhelm und ich – vergangenes Jahr einen Zwischenstopp einlegten, bevor wir nach S. Michele weitergingen. Nun ist es umgekehrt: Vom Dom aus werde ich mich morgen zum Ausgangspunkt begeben und losgehen. Ich bin müde und lege mich zu Bett, damit ich morgen in aller Frische starten kann.

Freitag, 5. September

Laudes, hl. Messe, Frühstück, Abschied. Ich freue mich darauf, losgehen zu dürfen. Dass ich alleine gehe, war so nicht vorgesehen. Aber es macht keinen Sinn, grade diese so wichtige Etappe abzubrechen. Ich begebe mich unter den besonderen Schutz Gottes, besonders auch Maria, die mir in Fatima „zugesagt“ hat, mich und uns auf unseren Wegen zu beschützen. Ein gottgefälliges heiliges Leben ist Voraussetzung für ein derart geistliches Unternehmen. Wenigstens die Grundbefindlichkeiten müssen stimmen. Denn wer könnte sagen, dass er ein heiliges, Gott wohlgefälliges Leben führte? Mir fällt es auch oft sehr schwer, den Anforderungen des Evangeliums Jesu Christi gerecht zu werden. Aber ich mühe mich um dieses Leben bei allen meinen Fehlern und Schwächen, mit denen ich behaftet bin.

Trient ist auch aus franziskanischer Sicht nicht irgendeine Stadt. Hier war 1221 der erste Sammelplatz der Brüder. Von hier aus gingen sie gemeinsam los nach dem Bericht des Jordan von Giano. Sie kamen ja aus mehreren Gegenden, und da man nicht in der Gluthitze des Sommers gehen wollte, wählte man die „kühleren“ Tage. Trient ist der gemeinsame Ausgangspunkt der Franziskanermission nach Germanien unter der Leitung des Cäsarius von Speyer. 25 Brüder waren es am Anfang, und einige wurden vorausgeschickt, um Essen und Übernachtung zu besorgen. Sie gingen mit Sicherheit nicht im Pulk zusammen, sondern nach dem Sendungsauftrag Jesu je mindestens zu Zweien. Da knistert schon die Spannung in mir, wenn ich bedenke, dass ich mir vorgenommen habe, diesen damals erfolgreichen „Franziskanerweg“ nachzugehen. Mich umgibt ein Gefühl der Sicherheit, dass auch dieses geistliche Unternehmen, Jahrhunderte danach, gelingen wird.

So mache ich mich auf den Weg. Gott segne mich auf diesem Weg und er segne auch Loni, die gestern noch zugestimmt hat, dass ich alleine gehe und sie zu Hause bleiben muss. Er segne aber auch besonders das Anliegen der „Ökumene“, das Anliegen der Erneuerung der Kirche, das Anliegen der Einheit der Christen.

An der Straße nach S. Michele versuche ich per Autostopp weiterzukommen, weil ich keinen geeigneten Zug finde.

Doch lange warte ich vergebens. Was muss man doch auch in Italien auf der Straße warten, bis man mitgenommen wird. Und wie froh bin ich, dass ich beim eigentlichen Pilgerweg auf kein Auto angewiesen bin. Doch da hält ein Mann an und er fährt mich zur Kirche des hl. Michael. Oben auf dem Berg angekommen, bete ich nochmals um ein gutes Gelingen für diese Tage. Der hl. Michael, der Patron meiner Heimatstadt Michelstadt, er möge mich begleiten und beschützen. Wenn eine Strecke reif ist zum Alleine-gehen, dann diese. Die Gegend des Etsch-Tales ist dicht besiedelt, man kann sich schon besser sprachlich verständigen und ist ja nicht irgendwo außerhalb der Zivilisation.
Das erste, was mir begegnet, sind wieder am Straßenrand in den Haltebuchten die Prostituierten. Auch diesmal bete ich beim Vorübergehen für diese Frauen, damit sie in der Geborgenheit einer Familie leben können. Es geht weiter durch kilometerlange Obstplantagen, überwiegend Äpfel, die knallig reif an den Ästen hängen. In vielen Kisten werden sie verpackt, kommen in die Kühlhäuser und werden im Winter in unseren Super-Märkten angeboten, sagt mir eine Familie. Die Leute winken mir zu und schenken mir Äpfel für den Weg. Ich solle zu Hause für ihre Äpfel werben, was ich auch prompt verspreche. Es sprechen einem viele Leute an, sie fragen nach meinem Weg und ich komme mir vor wie einer, der wirklich auf Wanderschaft ist, fröhlich und guter Dinge, und ich bekomme so langsam auch Freude am Alleine-gehen. Ich kann meinen Rhythmus selbst bestimmen, ich kann Pausen einlegen, wann und wo es mir gefällt, und ich fühle mich irgendwie freier. Für mich eine wichtige Erfahrung. Natürlich bin ich mir bewusst, dass mir keiner hilft, wenn es mir einmal schlecht gehen sollte.

Samstag, 6. September

Nach einer sehr angenehmen Unterkunft und Übernachtung wiederum in einem Pfarrhaus mache ich mich auf den Weg Richtung Bozen. Das Wetter ist gut, teilweise immer noch sehr heiß in dem flach liegenden Kessel des fruchtbaren Etschtales.

Als ich so durch eine Ortschaft ziehe, lese ich an einem Kiosk eine Balkenüberschrift mit dem Wort „morte" und dem Bild Mutter Teresas darunter. Ich brauche nicht lange, um zu begreifen, dass Mutter Teresa gestorben ist. Mit niemandem kann ich darüber reden, was dies für uns bedeutet, der Tod dieser heiligen Frau. So bete ich für sie beim Weitergehen und denke an ihr Wirken in all diesen Jahren in Indien. Der weibliche „Franziskus unserer Tage" ist leiblich von uns gegangen. Tiefe Trauer erfüllt mich, zumal ich den Lebensweg von Mutter Teresa in Indien und in den Büchern mitverfolgte. Beim Katholikentag in Freiburg sah ich sie persönlich bei einer Veranstaltung. Ihr Einsatz galt den Armen und Elenden unserer Zeit. Weltweit kennen die Menschen ihr Wirken als Nobelpreisträgerin. Ein großer Verlust für eine Welt, in der solche Heilsgestalten rar geworden sind. Aber ihre Botschaft wird weitergehen, nicht nur durch die Schwestern und Brüder ihrer gegründeten Orden, sondern durch alle, die sich dem Dienst an den Armen und Kranken verschrieben haben. Gott nehme diese unermüdliche Ordensfrau auf in sein ewiges Reich, das sie jetzt schauen darf. So frage ich mich, was das für mich bedeutet, der Tod dieser Heiligen am ersten Tag meiner vierten Pilgeretappe.

Eine Umgehungsstraße an einem Ort vorbei motiviert mich, die Abkürzung direkt durch den Ort zu wählen. Ich komme durch Häuserzeilen, verheddere mich etwas, bis ich schließlich in einem Industriegebiet mit Geschäften lande. Um wieder auf die

Straße zu kommen, muss ich über den Platz eines Geschäftes gehen, auf dem viele Leute sitzen und feiern. Es ist Mittagszeit, ich habe Hunger, und weil alles eher nach einer geschlossenen Gesellschaft aussieht, will ich eigentlich mitten hindurch weitergehen, um wieder auf die Straße zu kommen. Doch beim Hindurchgehen frage ich Leute an einem Tisch, was denn hier gefeiert wird. Ich habe Glück, mich mit einem Mann in Deutsch verständigen zu können. Er sagt, hier wird eine Geschäftseröffnung gefeiert, und die Leute des Ortes sind dazu eingeladen. Essen und Trinken sind kostenlos. „Ob ich denn da auch etwas bekommen kann", frage ich weiter. „Ja", sagt er. „ich soll doch einfach zur Chefin gehen." Ich frage mich nach der „Chefin" durch und erzähle ihr von meinem Pilgerweg. Ohne Umschweife erklärt sie mir, dass ich mich hinsetzen und ebenso kostenlos essen und trinken kann. Da bin ich doch sehr erstaunt, denn ich werde ja nicht zu ihrer zukünftigen Kundschaft gehören. Ich hole mir zu essen, was das Herz begehrt, und setze mich zu den Leuten am Tisch, die ich soeben fragte. Binnen kurzer Zeit entwickelte sich eine derartige Herzlichkeit, wie ich sie eigentlich von Italien überwiegend kenne: überschwenglich, reichlich, froh und gastfreundlich. Natürlich trinke ich etwas Wein, auch wenn es dem Pilgerprinzip widerspricht. Die Leute am Tisch nehmen mich auf wie einer, der zu ihnen gehört. Es ist ein richtiger Festtagsschmaus, völlig unverhofft, eigentlich das Ergebnis eines Umweges, bei dem ich mich ein Stückchen verirrt hatte. Lange kann ich nicht verweilen, ich muss ja weiter, und noch bin ich nicht in Bozen. Aber ich bin gestärkt, innerlich wie äußerlich, und hier treffe ich jetzt wieder jene freigiebigen, fröhlichen Menschen an, wie ich sie von Umbrien und der Toscana her kenne.
Nach Stunden erreiche ich Bozen, das italienische Bolzena. Es ist gar nicht so einfach, sich am Stadtrand zurechtzufinden. Eine Frau mit dem Fahrrad erklärt mir sehr schön, wie

ich in das Zentrum komme. Um 16.00 Uhr erreiche ich das Franziskanerkloster, nachdem ich zuvor in den Dom gegangen war. Zentrum, Dom und Franziskaner, das weiß ich von anderen Städten, dass alles dicht beieinander liegt. Die Franziskaner sind ja bis heute ein Seelsorgeorden. Sie gründeten nicht wie die Benediktiner, Zisterzienser und Prämonstratenser ihre Klöster in abgeschiedenen, schönen Gegenden, sondern immer in der Mitte einer Stadt, dort, wo die Menschen lebten. Sucht man ein Franziskanerkloster, geht man immer zuerst zum Dom bzw. zur Hauptkirche, und unweit davon ist meistens das Kloster.

Es ist Samstag und ich sitze im Innenhof des Kreuzganges an einer Säule. Mit Loni und unseren Kindern waren wir schon einmal hier an dieser Stelle auf dem Weg zum Gardasee. Diesmal hat es mich allein hierher verschlagen, und wiederum folge ich den Angaben des Franziskaner- Chronisten Jordan, der angibt, hier vom Bischof freundlich empfangen worden zu sein. Hier stießen bereits einige Brüder neu hinzu und es wird sogleich die erste franziskanische Niederlassung nördlich der Alpen gegründet. Sie gingen nach dem Stützpunktprinzip vor. Augsburg, Würzburg, Mainz waren weitere Stützpunkte. Sie warben um das Wohlwollen des Ortsklerus, ließen Brüder zurück, die wiederum vom „Stützpunkt" aus weiter missionierten. Hier also befindet sich franziskanisches Urgestein. Hier darf man nicht vorübergehen, hier muss man Halt machen als Pilger und Franziskaner des Dritten Ordens. Ich ziehe zwar nicht mit einem Habit durch die Lande, aber mit meinen Jeans und meinem bunten Hemd fühle ich mich den Franziskusbrüdern und -schwestern innerlich ganz verbunden. Es ist ja auch ein Stück „Mission", was ich da tue. Ich treffe ja nicht wenige Menschen unterwegs, mit denen ich Glaubensgespräche führe.

Aber zuerst muss ich mich ja selber austesten in Armut, Ein-

fachheit und Glaubenszeugnis. Ich halte keine Predigten, gehe nicht zu Bischöfen und gründe auch keine Stützpunkte. Aber ein Pilgernetz von franziskanisch geprägten Menschen ist schon längst gesponnen und wächst ständig weiter. So verlasse ich mit diesen Gedanken bald wieder das Kloster. Nach einigen Kilometern (ich bin schon fast aus der Stadt heraus) stelle ich fest, dass ich meine Mütze im Kreuzgang des Klosters vergessen habe. Ohne Mütze kann ich bei dieser Hitze nicht weitergehen. Alexander und Sandra, unser Sohn und unsere Schwiegertochter, schenkten sie mir für den Pilgerweg. „Tau-Team" steht darauf mit dem Franziskus-Tau. Also nichts wie zurück und die Mütze holen. Im Kreuzgang wieder angekommen, ist von der Mütze nichts mehr zu sehen. Jemand sagt mir, dass sie vorhin noch auf dem Mauerrand gelegen habe. Also muss sie jemand mitgenommen haben. Ich frage im Kloster, doch niemand weiß etwas von der Mütze. Bei dieser Hitze weitergehen? Ich entschließe mich, da zu bleiben. Das sagt mir eine innere Stimme.
So sitze ich abermals in dem Kreuzgang des Franziskanerklosters von Bozen. Mitten im Innenhof plätschert ein Brunnen. Es ist ein schattiges Plätzchen, das vom blauen Himmel überwölbt wird. Ein erneutes Stück „S. Damiano". Rundherum in den Bogennischen befinden sich Bilder aus dem Leben des heiligen Franziskus. Links über mir das Bild mit dem Satz: „Franziskus wird im Jahre 1182 durch besondere Fügung Gottes in einem Stalle geboren." Ja, nicht in den Palästen, sondern in den „Ställen" kann Gott sein Heil wirken, das ist bis heute so. Kirche von heute, will sie glaubwürdig verkündigen und die ganze Schöpfung erreichen, muss wieder zu den „Ställen" zurückkehren, zu den Hirten und Knechten, zu Ochs und Esel, zu den einfachen Menschen, die von intellektueller Überzüchtung noch nicht verbildet sind. „Unglaubliche Kraft und ein zerbrechlicher Körper zeichne-

te Mutter Teresa aus“, so höre ich es im Radio von einem Kloster-Gastzimmer. Also muss sie doch gestern gestorben sein, am ersten Pilgertag meiner vierten Etappe.

Der Pförtnerbruder Wolfgang, bei dem ich wegen einer Übernachtung anfrage, nimmt mich sogleich auf, nachdem er sich kurz mit anderen Brüdern beraten hat. Ich habe noch etwas Zeit und gehe in die Innenstadt, in der buntes Treiben herrscht. Ein Altstadtfest wird hier gefeiert, erfahre ich. An einem Bierstand mache ich Halt; denn ich habe mächtigen Durst. Unterwegs bekam ich heute etwas Geld, doch das Bier war mir zu teuer. So frage ich den jungen Mann beim Ausschank, ob er mir ein Bier umsonst geben könne. Er tut es, nachdem ich ihm den Zettel des italienischen Textes zeige. Darauf steht, wer ich bin, was ich tue und um was ich bitte. Auf dem einen Zettel bitte ich um Trinken und Essen, auf dem anderen um Übernachtung. Mehr nicht. Das reicht, damit die Leute mein Anliegen verstehen.

Der junge Mann zapft mir das Bier und fragt mich nach meiner Motivation. Manche Leute staunen ganz einfach und wundern sich über die zu Fuß zurückgelegten Strecken. Dieser junge Mann will mehr wissen. Es stellt sich heraus, dass er einen franziskanischen Fernkurs absolviert hat. Er ist ganz begeistert von meinem Unternehmen. Wir tauschen die Adressen aus, er gibt mir noch eine Spezialität, eine Art Gebäck mit und ich verspreche ihm, von zu Hause aus zu schreiben. Ich bin ganz stolz auf diese Begegnung. „Vielleicht habe ich heute auch einen Franziskanerbruder gewonnnen“, so wie die Brüder von damals, denke ich. Meiner „Mission“ fängt langsam an zu greifen.

Sonntag, 7. September

Es ist Sonntag, ein neuer Tag wartet auf mich. Ich bin sehr froh, dass ich hier bei den liebevollen Franziskusbrüdern übernachtet habe. In diesen Klöstern fühle ich mich schon wie zu Hause. Mehr und mehr werde ich einer von ihnen. Mir liegt der franziskanische Geist: unkompliziert, herzlich, improvisiert, liturgisch nicht überfrachtet, einfach. Der vergessenen Mütze habe ich es zu verdanken, dass ich hier übernachtete. So können ganz unerwartet, völlig konträre Ereignisse etwas Gutes bewirken. „Gott schreibt auch auf krummen Wegen gerade", heißt es irgendwo. Das merke ich immer mehr auf dem Pilgerweg. Laudes, heilige Messe, Frühstück, Aufbruch, das ist schon ein kleines Ritual geworden. Der Rucksack muss vorher gepackt sein. Auch da entwickelt man mehr und mehr eine gewisse Fertigkeit: Schlafsack einrollen, Toilettentasche einpacken, nasse Handtücher zum Trocknen aufspannen, Isomatte einrollen. Es ist morgens, ich muss auf meine Mütze verzichten.

Gott sei Dank wird das Etschtal immer enger, sodass sich die Sonne hinter den Bergen noch lange versteckt hält. Aus dem flachen, heißen Obstanbaugelände bin ich heraus. Es kommen die Weinberge mit den üppigen, blauen Weintrauben. Die Autos in beiden Richtungen machen mir sehr zu schaffen. Die Straßen schlängeln sich äußerst eng durch das Tal. Ein Gewirr von Verkehrssträngen wie die Elektrokabel liegen dicht beieinander: Autobahn, Bahnlinie und Landstraße. Dazwischen die Etsch. Ich bitte Gott um seinen Segen, dass mich bei dieser Enge kein Auto streift und anfährt. Es ist mir zu unsicher, einen Höhenweg zu wählen. Bis man erst einmal da oben ist, und dann geht es ständig rauf und runter. Das macht müde und zehrt an den Kräften. Dazu gibt es weiterhin für mich nicht erkennbare Markierungen. Also weitergehen in der Hoffnung, dass es besser wird.

Ich bin ziemlich erschöpft, als ich – noch ein Stück vor Klausen – ein Auto anhalte, nachdem ich noch kein Quartier bekommen habe. Diesmal muss ich nicht lange warten. Eine Frau nimmt mich mit in die Stadt. Ich steige aus und halb humpelnd erreiche ich die Stadtmitte. Doch auch da ergibt sich keine Möglichkeit der Übernachtung in einem Pfarrhaus nahe der Kirche. Auf dem Marktplatz stehen ein paar Leute zusammen, die wie Kirchgänger aussehen. Jedenfalls sehen die Leute für mich so aus, als wenn ich Hoffnung auf ein Quartier haben könnte.

Ich stelle mich vor und die Frau sagt zu ihrem Mann, ich könne doch in dem Zimmer der verstorbenen Mutter in ihrem Haus schlafen. Beide beraten sich noch ein wenig, und damit sie alles herrichten können, nimmt mich zuerst der andere Mann in seiner Wohnung auf. Wir trinken bei ihm Kaffee. Dann fährt er mich zwei bis drei Kilometer, aus der Richtung, wo ich herkam, den Berg hinauf zu dem Ehepaar. Mit dem Mann verabrede ich mich noch für den Morgen in der Stadtmitte zu einem Interview für eine Zeitung. Er ist freier Journalist. Die Bildhauer-Familie, bei der ich übernachten darf, macht für mich Abendbrot, wir unterhalten uns überaus fröhlich und herzlich. In einem so schönen bäuerlichen Haus in einem richtigen Bett in einem gepflegten Zimmer zu schlafen, das ist für einen Pilger immer ein Stück „Himmel“.

Montag, 8. September

Von den Hausleuten lasse ich mich wieder zu jener Stelle fahren, wo ich gestern im Auto mitgenommen wurde, also wieder vor Klausen. Ich will mir keinen Kilometer schenken und möchte diese Strecke ganz zu Fuß durchgehen. Nach etwa zwei Kilometern bin ich wieder im Zentrum von Klausen und treffe mich mit dem Journalisten zu einem Cappucino. Es ist ein sehr angenehmes Gespräch für die „Dolomiten-Zeitung“. Schnell noch mehrere Fotos am Durchgang der alten Stadtmauer zur Etsch hin und weiter geht's, nachdem mir der freundliche Journalist eine rote Mütze schenkt gegen die immer noch heiße Sonne. Er beschreibt mir einen Fahrrad-Weg inmitten des Tales, fernab von der Straße. Ich finde auch diesen Weg gleich und es ist eine Wohltat, einmal nicht auf der Landstraße gehen zu müssen. Jetzt erst erfahre ich, dass es im Mittelalter von Bozen her einen Höhenweg gegeben hat. Aber ob ich diesen gefunden hätte? Man muss sich vorstellen, dass man ganz schnell von der Hauptader abkommt, und es kostet dann viele zusätzliche Kilometer, die mehr Zeit und eine gewaltige Kraftanstrengung bedeuten. Ich präge unterwegs den Begriff vom „ökonomischen Laufen“. Das bedeutet, sowohl von der Richtung als auch von der Höhenlage her möglichst geradlinig laufen, wie im richtigen Leben. Hätte ich dies nicht eingehalten, ich wäre oft nicht zur rechten Zeit, wenn überhaupt, am Ziel angekommen. Diese Form des Laufens auf einer Fernstrecke ist etwas ganz anderes als eine gewöhnliche Wanderung durch Feld und Wald. Dies braucht ein hohes Maß an Disziplin.

Wenn ich nach links und rechts die Berge hoch schaue, so gehe ich momentan durch eine der schönsten Gegenden des Pilgerweges. Paradiesische Landschaften tun sich auf, und ich bin längst in Südtirol, wo man immer mehr deutsch spricht. Links über mir das Benediktiner-Kloster Säben, ein Schwalbennest am Felsen ähnlich den Meteora-Klöstern in Griechenland. Ich habe heute viel Zeit zur Besinnung. Ich kann mich richtig entspannen, die Landschaft genießen und merke, dass das Alleine-gehen auch seine Vorteile hat. Ich

vermisse nichts, ich lebe einfach und bescheiden und bin mir der Abhängigkeit des Bettelns überhaupt nicht mehr bewusst. Gottes Führung ist allgegenwärtig, das spüre ich ständig. Und längst werden alle kritischen Fragen nach Sinn oder Nichtsinn eines solchen Pilgerweges durch die täglich segensreichen positiven Erfahrungen widerlegt.
Bei allen Talwindungen eröffnet sich ein anderer Blick in die Alpenregionen. Ein gesegnetes Land. Religiöse und kulturelle Traditionen sind überall spürbar. Die Menschen sind offen und geben wieder gerne. Mir wird auch bewusst, dass ich die Hälfte des Pilgerweges bereits überschritten habe. Dennoch weiß ich, dass jeder Weg auch seine Tücken hat und dass jeden Tag etwas passieren kann, durch eigene und andere Schuld. Gottlob geht es mir sehr gut, physisch wie psychisch. Ich kann heute einen „Schongang“ einlegen, nachdem der gestrige Tag doch sehr anstrengend war.
Über einen Waldhöhenweg erreiche ich Brixen, die alte Bischofsstadt. Wie von einer unsichtbaren Hand geführt erreiche ich bald das Franziskanerkloster. Draußen treffe ich den Bruder Guardian an mit einem Mitbruder. Ich frage nach einem Quartier. Doch er lehnt ab. „Solche Gesellen wie Sie kommen zu Hauf und klopfen an der Klosterpforte an“, sagt er. Ich zeige Verständnis und erwidere: „Aber wo soll ich denn hingehen, wenn nicht zuerst zu meinen franziskanischen Brüdern.“ Da ich keinen franziskanischen Ausweis bei mir habe, auch nicht als Diakon, appelliere ich an ihn, mir einfach Glauben zu schenken. Nach einer Weile zieht es sich mit seinem Mitbruder zurück. Beide beraten sich, und als er wieder herauskommt, sagt er zu, mich für heute aufzunehmen. Er weist mir ein Zimmer zu. Ich frage nach dem Abendessen und nach der Vesper. Nachdem ich mich etwas frisch gemacht habe, gehe ich in die Stadtmitte nahe dem Dom in die Michaelskirche. Beim Lesen des Pfarrbriefes stoße ich auf den

Namen Leo Munter. Mir fällt ein, dass dieser ja der Initiator des Franziskusweges in Sand in Taufers ist. Wann ich ihn denn sprechen könne, frage ich den Küster, der gerade zugegen ist. „Vor der Andacht, die gleich beginnt“, antwortet er. In der Sakristei begrüßen wir uns. Ich erzähle ihm von unserem Meditationsweg im Odenwald und wir verstehen uns auf Anhieb. „Ob ich denn schon ein Quartier zum Übernachten habe“, fragt er mich. Jetzt kann ich doch den Franziskanern nicht absagen, also gehe ich zurück und nehme an der Vesper im Kloster teil. Dicht daneben besteht ein Klarissenkonvent, beide teilen sich die Elisabethkirche, und nimmt man das Kapuzinerkloster noch in der Nähe dazu, dann befindet man sich mitten in franziskanischen Gefilden. Hier spürt man am stärksten, dass die Franziskaner Wurzeln geschlagen haben beim Durchzug über die Alpen. Hier ist ein geistlicher, kultureller und klösterlicher Mittelpunkt. Der Guardian heißt auch noch dazu Bruder Jordan. Auch wenn der Konvent sehr klein ist und nur wenige Brüder am Gebet teilnehmen, mir kommt es vor wie in den Zeiten der Anfänge. Bruder Jordan entschuldigt sich, weil er mich nicht gleich aufgenommen hat. Ich muss zwar sicherheishalber das erstemal den Pass abgeben, aber inzwischen habe ich viel Verständnis für solche Maßnahmen. Was ich bisher nicht erlebte: Bruder Jordan legt großen Wert darauf, mir das Bett selbst zu überziehen. Das nenne ich Bruderdienst, und ich bin ein wenig beschämt, weil ich diese Arbeit auch hätte machen können. Wie überall in den Klöstern darf ich mit den Brüdern gemeinsam essen, wiederum eine schöne Geste der Gastfreundschaft.

Dienstag, 9. September

Was wäre ein Kloster ohne eine heilige Messe. Also nehme ich daran teil, davor an den Laudes, und wie ich so im Chorgestühl der Elisabeth-Kirche sitze, sehe ich mich umgeben von lauter franziskanischen Heilsgestalten, zu denen ich eine besonders innige Beziehung habe: die hl. Elisabeth, der hl. Franziskus, die hl. Agnes von Prag, die hl. Agnes von Assisi und die hl. Clara. Dazu wird im Gottesdienst des hl. Antonius gedacht, den ich besonders verehre. Ich komme mir vor wie im Himmel. Als dann noch die Clarissen zu singen beginnen, da ist es mir, wie wenn die Engel singen würden, ein Vorgeschmack ewiger Glückseligkeit, ein Stück Himmel auf Erden. Ordensfrauen haben besonders helle und klare Stimmen. Dies ist mir schon öfter aufgefallen. Ich soll als Diakon am Altar mitwirken. Doch ich lehne ab; denn ich möchte als einfacher Pilger an der Eucharistie teilnehmen. Der zelebrierende Priester gibt mir beim Frühstück kräftiges Brot mit zur Stärkung beim Wandern. Alle sind sie um mich besorgt, auch die älteren Brüder. Mir ist, als würde ich schon lange zu ihnen gehören. Keiner zweifelt mehr daran, dass mein Ansinnen echt und ehrlich ist. Da merke ich, wie wichtig Vertrauen ist. Aber es entsteht nur in einem Klima der gegenseitigen Glaubwürdigkeit und Offenheit.

So verabschiede ich mich von allen, danke ganz herzlich für alles und gehe einen schmalen Pfad dem Eisacktal entlang zum Kloster Neustift, einem Schnittpunkt mehrerer Pilgerwege aus dem Mittelalter. Dort halte ich mich nur kurz auf und frage auf dem Klostergelände nach einem Weg neben der Straße. Ein Mann verweist mich auf einen Feldweg, und ich merke sehr bald, dass es nicht weitergeht und ich in eine Sackgasse geraten bin, auf einer Wiese am Rande der Eisack. Erstmals gehe ich ein Wagnis ein. Der Fluss ist ca. 10 Meter

breit an dieser Stelle. Mir bleibt nichts anderes übrig, als durch den Fluss zu gehen. Er ist Gott sei Dank nicht tief, und ich gehe Stück für Stück barfuß über die großen Steine, den Rucksack behutsam aufsetzend, durch das Flussbett. Ich komme trocken an, aber jetzt erst beginnt ein totaler Steilanstieg, der mich außer Puste kommen lässt. Niemals mehr ohne Kartenkontrolle jemandem Glauben schenken, auch wenn er aus dieser Gegend ist, schwöre ich mir. Das hat mich viel Zeit und Kraft gekostet. Der Mann hat mich völlig in die Irre geführt.
Wieder auf der Straße angekommen, geht es nun Richtung Brenner. War bisher von Anstieg im Etschtal kaum etwas zu spüren, hier fängt der Brennerpass an, an der Franzensfeste und Mittewald vorbei. An einem Kiosk bekomme ich etwas zu essen. Ich versuche nochmals einen seitlichen Wanderweg, verlasse ihn aber wieder, weil er ständigen Höhenwechsel hat und der Kräfteverschleiß zu groß ist, und wähle wieder die langsam ansteigende Landtraße.

Mittwoch, 10. September

Auf ein Quartier in Pfarrgemeinden ist immer weniger Verlass. Diesmal sind es die Klöster, die mich gerne und liebevoll aufnehmen. Ich muss die Franziskanerklöster auf dieser Strecke einfach loben. Sie sind allesamt sehr gastfreundlich. Gestern Abend ging ein Pfarrer nicht einmal an die Türe. Per Sprechanlage wies er mich kurzerhand ab. Dabei hatte ich unterwegs von jemandem eine Empfehlung dorthin bekommen. In einer Pension finde ich Unterschlupf und bin gut untergebracht.
Was haben sich die Historiker die Finger heiß geschrieben, warum denn im Jordan-Bericht Mittenwald vor und nicht nach

dem Brenner vorkommt. Wer diese Strecke durchpilgert, erfährt, dass dem betagten Jordan 41 Jahre nach der Alpenüberquerung eine Verwechslung unterlief. Er hätte statt Mittenwald Mittewald schreiben müssen, dann würde wieder alles stimmen. Es ist schon ein Glücksfall der Geschichte, dass wir diesen authentischen Bericht noch vorliegen haben.
Also ziehe ich weiter und wundere mich, wie flach doch der Brenner ist. Oben angekommen, steigen viele Tauben vor mir auf. Ich denke, dies ist ja auch eine Friedensmission, die die Franziskaner damals unternahmen. Ohne größeren Aufenthalt überschreite ich die Grenze und überlege, wie viele Menschen im Laufe der Geschichte hier schon in beiden Richtungen die Alpen überquert haben: Reiche und Arme, Kriegsheere und Kaufleute, Kaiser und Könige, Bischöfe und Ordensleute, zerstörerische Kräfte und heilsbringende Botschafter. Und nun komme ich mit meinem Rucksack und dem Ansinnen, die franziskanische Dimension der Armut erneut über die Alpen zu bringen. Ist das nicht ein zu hoch gestecktes Ziel? Doch ohne Ziele kein Weg, ohne Visionen keine Veränderung, ohne Bewegung Stillstand, auch im geistlichen Bereich.
Also bin ich jetzt überm Berg im wahrsten Sinnes des Wortes. Eine kleine Gruppe junger Menschen nimmt mich in Gries am Brenner herzlich auf. Der kleine Daniel verweist mich auf die „Arche“, eine Gemeinschaft, die mit behinderten Menschen als Familie lebt. Joachim, der Leiter der Gruppe, nimmt mich sogleich auf. Ich werde wie ein Familienmitglied in die Gemeinschaft hineingenommen. Wir essen Abendbrot und frühstücken miteinander, und ich schlafe erstmals in einer kleinen Kellerkapelle mitten vor dem Altar. Kirche der Zukunft, denke ich, glaubwürdige Kirche. Junge Menschen, die sich dem Dienst an diesen Menschen verschrieben haben und mitten unter ihnen leben, das hat Zu-

Ankunft der vier Pilger in Assisi an der Basilika S. Maria degli Angeli (1. Etappe) – Foto: Jean Marie Heinz, Neu-Isenburg

Unterkunft am Trasimenischen See – G. Jaksche beim Gebet (1. Etappe) – Foto: Jean Marie Heinz, Neu-Isenburg

Aussendungs-Gottesdienst in Reichelsheim im Odenwald (2. Etappe) – Foto: Gerald Jaksche, Michelstadt-Rehbach

Rucksacktuch: Gebet für Bosnien (2. Etappe) –
Foto: Gerald Jaksche, Michelstadt-Rehbach

G. Jaksche auf dem Weg (2. Etappe) –
Foto: Matthias Schmidt, Offenbach

*G. Jaksche auf dem Ratisoca-Pass (2. Etappe) –
Foto: Matthias Schmidt, Offenbach*

Friedhelm und G. Jaksche in Bologna bei Radio TAU (3. Etappe) – Foto: Gerald Jaksche, Michelstadt-Rehbach

Friedhelm und G. Jaksche im Zentrum von Trient (3. Etappe) – Foto: B. u. D. Kreß, Niefern

G. Jaksche in Matrei Richtung Innsbruck (4. Etappe) – Foto: Klaus Möckel, Leipzig

Joy und G. Jaksche auf dem Zirler Berg (5. Etappe) – Foto: Waldemar Morweiser, Bürstadt

G. Jaksche und Gerhard bei der Ankunft in Mainz in der Antonius-Kapelle (7. Etappe) – Foto: Gerald Jaksche, Michelstadt-Rehbach

Rucksacktuch (7. Etappe) –
Foto: Gerald Jaksche, Michelstadt-Rehbach

kunft. Ein junger Mann schenkt mir beim Abschied ein selbstgeschnitztes Kreuz mit den Wundmalen Jesu.

Donnerstag, 11. September

Längst bin ich in Österreich und sitze auf einer Bank neben der Kirche von Matrei. Jordan von Giano, der Chronist, nennt diesen Ort im Zusammenhang mit ziemlichem Hunger, den die Brüder damals hatten. Sie trinken Wasser am Bach, essen Rüben und bekommen von einem Mann etwas Geld. Jordan geht ziemlich ins Detail mit seiner Beschreibung. Ich kann mich in die Zeit und Umstände von 1221 gut zurückversetzen. Bisher habe ich noch keinen Hunger gelitten, lege aber immer großen Wert darauf, dass jeden Tag kräftig gegessen wird. Mit knurrendem Magen kann man nicht pilgern.

So kommt es, dass ich diesmal jeden Tag zu Mittag in einer Gaststätte etwas zu essen bekam. So auch hier auf einer Freiterrasse an der Straße, kurz vor Innsbruck. Ich frage nach einem einfachen Essen und bekomme Suppe, Bier und ein Hauptessen. Vor mir sehe ich schon sehr deutlich die Alpenkette von Innsbruck. Damit mir zu Hause geglaubt wird, wie gut es mir geht, frage ich einen Tischnachbarn, einen Mann, der allein dasitzt, ob er ein Foto von mir machen würde, und erzähle ihm den Grund. Er willigt schnell ein und ich bitte ihn, er möge mir von zu Hause die Bilder schicken. Wir kommen ins Gespräch und so erfahre ich, dass der Mann aus Leipzig stammt. Ich hoffe, die Bilder sind etwas geworden.

Ich gehe weiter und ein vorbeiflatternder Schmetterling weist mir den Weg. Nach der Europabrücke taucht Innsbruck vor mir auf, diese wunderschöne Stadt am Inn. Vorbei am „Goldenen Dachl“ steuere ich Richtung Dom. Wie freue ich mich, als ich erfahre, dass er dem Pilgerapostel „St. Jakob“

geweiht ist. Drinnen finde ich einen Gebetszettel mit einem Gebet von Papst Johannes Paul II. zur Vorbereitung auf das Jubiläumsjahr 2000. Ich bete den Text als Dankgebet:

„Herr Jesus,
Fülle der Zeiten und Herr der Geschichte,
bereite unsere Herzen darauf vor,
das große Jubiläum des Jahres 2000
gläubig zu feiern, sodass es uns
ein Jahr der Gnade und Barmherzigkeit sei.
Gib uns ein demütiges und einfaches Herz,
damit wir mit erneuter Bewunderung
das Geheimnis der Menschwerdung betrachten.
Durch das du, Sohn des Höchsten,
im Schoß der Jungfrau, Heiligtum des Geistes
unser Bruder geworden bist."

Im Kapuzinerkloster werde ich herzlich aufgenommen und bekomme ein einfaches Zimmer zugewiesen. Draußen höre ich zwei Brüder, wie sich sich unterhalten. Der eine sagt zum anderen: „Der Pilger ist gekommen." Also werde ich erwartet. So geht auch diese Etappe gelungen zu Ende. Ich danke Gott für die Hilfe so vieler Menschen und für seine wunderbare Führung. In der Geborgenheit eines Klosters verbringe ich die letzte Nacht.

FÜNFTE ETAPPE: INNSBRUCK – AUGSBURG

Donnerstag, 10. – Mittwoch, 16. September 1998
ca. 200 km = 7 Wandertage

Nun versuche ich, wieder etwas zu mir zu kommen. Der heutige Tag und die letzten drei bis vier Tage der Vorbereitung auf die Abreise zur 5. Etappe des Pilgerweges Assisi-Mainz waren voller Stress, Hektik und Nervosität. Doch langsam finde ich mich wieder im ICE auf der Strecke von Stuttgart nach München. Wir steigen um und fahren weiter nach Innsbruck, dem Ausgangspunkt des diesjährigen Abschnittes auf der Franziskanerroute nach dem Jordan-Bericht. Jordan erwähnt eigenartigerweise Innsbruck überhaupt nicht, obwohl es doch keine franziskanisch unwichtige Stadt ist. Aber sie hat keinen Stützpunktcharakter wie Trient, Augsburg, Würzburg und Mainz. Dies könnte der Grund gewesen sein, weshalb er Innsbruck in seinen Erinnerungen 41 Jahre später übergeht.
Wir sind diesmal eine Dreiermannschaft: Peter und Joy, die beiden aus dem Taunus, waren hier am „Franziskanischen Zentrum zur heiligen Elisabeth" beim Pfingsttreffen und erfuhren von dem Pilgerweg. Sie entschlossen sich spontan, mitzugehen und absolvierten bereits den Tages-Test-Weg. Nach meinem „Alleingang" im vergangenen Jahr wird es sicher wieder eine interessante Begegnung mit ihnen. Joy ist indischer Abstammung und arbeitet als Krankenpfleger hier in Deutschland. Er ist katholisch und Peter evangelisch. Wir sind also erstmals eine ökumenisch zusammengesetzte

Gruppe. Die Zahl „Drei“ ist außerdem für Gruppenprozesse günstiger als „Vier“, weil die Gefahr der Parteienbildung (2 x 2) geringer ist. Wir werden es sehen, inwieweit dies eine Rolle spielt. Bei der ersten Etappe hatte sich ja an dem kritischen Punkt eine 2 x 2-er Gruppe gebildet. Eine, die abbrach, und eine, die weitermachte.

Doch jetzt wollen wir nicht an Abbrechen denken. Wir sind ja auf der Hinfahrt und wollen gemeinsam losgehen. Für mich ist es dennoch ein Wagnis, mit Menschen, die ich gar nicht kenne, ein derartiges geistliches Unternehmen zu wagen. Aber ich bin froh, wenn sich überhaupt jemand dazu bereit findet. Leute, die 25-30 Kilometer am Tag mitlaufen möchten, finden sich genug, sie sind aber nicht bereit zu betteln. Die Franziskaner der Gründerzeit haben alle aufgenommen, ohne Unterschied der sozialen Stellung und Herkunft. Das hat natürlich auch Probleme nach sich gezogen. Doch es gehört nicht zum franziskanischen Geist, eine elitäre Auswahl zu treffen wie damals einige Orden, die nur Adelige aufnahmen. Gottvertrauen ist also wieder gefragt, auch in der Zusammensetzung der Gruppe. Ich bin heilfroh, dass ich gesund losfahren kann. Wie leicht hätte dies ein Unfall oder eine Krankheit verhindern können. Oft hatte ich schon Schmerzen im Knie oder Sehnenzerrungen in den Übergangszeiten des Jahres. Doch wie ein Wunder waren bis jetzt vor den Etappen alle Wehwehchen wie weggeblasen. Nach dem gestrigen Aussendungsgottesdienst in der Rehbacher Kapelle wölbte sich ein doppelter Regenbogen über unsere „Franziskushütte“. Da denke ich sofort an den Bund Gottes mit den Menschen. „Bund“, das heißt, dass Gott mit uns ist, dass wir aber auch mit Ihm sein sollen. Beides sind Voraussetzungen des Pilgerweges. Ich halte viel von diesen Zeichen und ich achte auf sie. Dieser Regenbogen gibt mir Vertrauen. Gott geleitet mich, es wird auch diesmal wieder gut gehen.

„Heile Berge – heilige Berge" haben wir zum Etappenmotto gewählt. Ein letztesmal durchwandern wir die bezaubernde Bergwelt der Alpen, die es zu erhalten gilt. Wir Menschen sind drauf und dran, die letzten Refugien der Natur zu zerstören. Profitgier und Gleichgültigkeit haben schon genug Schaden angerichtet. Die Berge haben von je her eine spirituelle Bedeutung in allen Religionen. Am „Berg" ist man dem Himmel, ist man Gott näher. Eine Bergbesteigung hat mit dem Leben zu tun. Da oben tummeln sich nicht mehr die Massen. Oft ist man sogar ganz einsam, aber auf dem und über dem Berg zu sein, ist ein Glücksgefühl, das man schwerlich beschreiben kann. Natürlich ist die Gefahr des Absturzes nicht gering. Deshalb muss man in den Bergen besonders wachsam sein und muss Gefahren rechtzeitig erkennen.
Es ist schon spät abends, als wir vom Bahnhof in Innsbruck den Weg zum Kapuzinerkoster nehmen. Wir klopfen an der Klosterpforte eines Seiteneingangs an. Auch diesmal werden wir erwartet und herzlich aufgenommen. Es ist schon still im Kloster, wir beziehen unsere Zimmer, als wären wir schon länger Gäste bei den Brüdern.

Donnerstag, 10. September

Gottesdienst, Frühstück, Aufbruch. Bevor wir losgehen, suche ich noch das Grab des großen Konzilstheologen Karl Rahner in der Krypta der Jesuitenkirche auf. Die Kirche liegt in der Nähe des Kapuzinerklosters. Ich muss lange suchen. Kaum jemand kann es mir sagen, und als ich schon vor dem Gebäude stehe, finde ich wegen Bauarbeiten den Eingang nicht. Aber es weist auch kein Schild darauf hin, dass Karl Rahner hier begraben liegt. Ich stellte mir vor, da

wäre ein offener Zugang, und täglich würden zahlreiche Menschen am Grab beten. Erst ein Theologiestudent geht mit mir und führt mich an das Rahner-Grab. Hat man allzu schnell diesen großen deutschen Theologen vergessen? Ich verdanke ihm sehr viel in meinen Sturm- und Drangzeiten auf dem Weg zum Diakon. Rahner war seiner Zeit weit voraus und hat für die Kirche Entwicklungen aufgezeigt, die wir noch längst nicht zu verwirklichen in der Lage sind.
Ich bin allein und schreibe mir folgendes Gebet auf einen Zettel: „Guter Gott, lass das Werk dieses Konzilstheologen in uns und durch uns weiterwirken. Hier am Grab des großen Jesuiten, dieses heiligen Mannes lass mich für ihn bitten. Er hat mitgeholfen, den Grund zu legen für eine Kirche der Glaubenserneuerung. Er hat mutige und neue Wege beschritten, oft unter Drangsalen und Anfeindungen inmitten der Mutter Kirche. Ich danke Dir für solche mutigen Glaubensmänner und -Frauen der Kirche. Gib Kraft und Gnade allen, die sein Werk fortsetzen. Nimm ihn auf in die ewigen Wohnungen. Er möge für uns ein guter Fürsprecher sein im ewigen Reich des Vaters."
Dass in Innsbruck auch der Klosterheilige Pirmin, ein Benediktiner, begraben liegt, wissen zu Hause bei uns nur Wenige. Er hat das erste Kloster auf der Reichenau und viele andere Klöster in Deutschland gegründet, im Schwarzwald und nahe Pirmasens. Warum man ihn in den Stürmen der Reformation hierher brachte, ist völlig unklar. Sein Grab kann ich nicht ausmachen, aber im Gebet möchte ich auch an ihn denken.
Wir begeben uns alle Drei in den „St. Jakobus"- Dom zu Innsbruck und bitten Gott um seinen Segen für die nächsten Tage. Ich erinnere mich, dass ich voriges Jahr eine junge Frau nahe dem Dom traf, die einem neuen Orden angehört. Sie verteilte Marienbildchen und wir kamen ins Gespräch. Ich

war überrascht, wie es junge Menschen wieder zu klösterlichen Gemeinschaften drängt, und das in einer völlig neuen, intensiven Glaubensüberzeugung. Sie wünschte mir voriges Jahr Gottes Segen für unseren Pilgerweg. Und den können wir immer gebrauchen.
Es ist nicht leicht, zu Fuß in eine Stadt hineinzukommen. Aber es ist ebenso schwer, aus einer Stadt wieder herauszukommen, dass man seine Richtung findet. Erstaunlicherweise haben wir uns bisher bei keiner Etappe verlaufen. Auch diesmal gelangen wir sehr schnell an den Inn. Wir gehen ihn entlang Richtung Zirl. Der Fluss breitet sich majestätisch aus in einem weit ausladenden Tal. Es ist warm, und wenn wir die Böschung von der Straße zum Wasser hinunterschauen, sehen wir um die Mittagszeit Leute, die am Ufer baden und sich sonnen. Gerne möchte ich jetzt da unten verweilen und einen Badetag einlegen, aber wir haben ja vor, in sieben Tagen in Augsburg zu sein. Dazwischen liegt der tückische Zirler Berg, den ich mir sehr genau zu Hause ansah mit seinem steilen Aufstieg.
Unsere Dreiermannschaft ist so weit gut im Tritt, lediglich Peter bleibt streckenweise sehr weit zurück. Man muss ja immer wieder den anderen im Auge behalten und darf nicht außer Sichtweise weiterlaufen. Mühelos erreichen wir Zirl, unsere erste Station vor dem morgigen Aufstieg. Zirl liegt noch mitten im Inntal. Wir steuern einem Pfarrhaus zu und werden diesmal von einer freundlichen Pfarrhaushälterin empfangen, die uns ohne große Probleme aufnimmt. Die Geschäfte haben noch offen. Peter und Joy gehen in eine Bäckerei, ich gehe in eine Metzgerei, und es wundert mich, wie die beiden gleich am Anfang zu betteln beginnen.

Freitag, 11. September

Beim Aufbruch am zweiten Tag erklärt uns die freundliche Haushälterin, dass wir auch einen Wanderweg direkt über den Zirler Berg nehmen können. Sie beschreibt uns diesen Weg, und es hört sich zunächst auch ganz überzeugend an, auch wenn ich skeptisch bin, weil ich voriges Jahr hinter Brixen in unwegsames Gelände geraten bin nach einem Hinweis eines Einheimischen.

Aber das muss ja nicht immer so sein, denke ich. Also gehen wir zunächst los auf der stark befahrenen und gleich recht steil ansteigenden Landstraße. Erst später kommt der Punkt, wo man den Wanderweg wählen kann. Doch als ich zum Berg hinaufsehe, ist da oben alles in dichte Nebelschwaden gehüllt. Man kann von unten überhaupt nichts mehr erkennen und das Wetter verschlechtert sich zunehmend. Sofort denke ich an ein Ehepaar, das erst vor kurzem in dichtem Nebel nahe Garmisch die Orientierung verlor und abstürzte. Wir besprechen uns, aber Peter will unter allen Umständen den direkten Weg gehen. Ich erkläre ihm, dass wir da oben kein einziges Wanderzeichen mehr erkennen und Gefahr laufen, orientierungslos herumzuirren. So entsteht plötzlich unter uns eine kritische Situation. Einerseits habe ich die Leitung der Gruppe, andererseits kann ich niemanden zwingen, einen anderen Weg zu wählen. Peter besteht auf dem von der Pfarrhaushälterin beschriebenen Weg, und er drängt Joy, ihn auf der kürzeren und noch steileren Route zu begleiten. Aber Joy entschließt sich, bei mir zu bleiben und den beschwerlicheren Straßenweg weiterzugehen. „Ich bleibe beim Gerald“ sagt er in seinem etwas gebrochenen Deutsch.

So geht Peter voraus und ich hoffe, dass er es sich noch überlegen wird. Als Joy und ich an der Raststelle in der ersten großen Kurve unseren Wasservorrat auffüllen und weiterziehen,

ist Peter schon gar nicht mehr zu sehen. Diese Straße und dieser Berg ist wirklich eine enorme Herausforderung an Psyche und Physis. Vor allem die herunterfahrenden Autos mit dem Bremsgestank machen uns zu schaffen. Ich weiß und bin mir bewusst, dass dieses Straßenstück auch nicht ungefährlich ist, aber ich denke, es ist immer noch besser, als da oben in dichtem Nebel herumzuirren und sich der Gefahr eines Absturzes auszusetzen. Ich bin mir sicher in dem Grundsatz: Wenn du zwischen zwei Übeln zu wählen hast, musst du das geringere Übel wählen. Also weitergehen. Schritt für Schritt. Höchste Aufmerksamkeit vor allem in den Kurven ist gefragt. Von Peter ist längst nichts mehr zu sehen. Ich kann mir schwer vorstellen, dass er, wo er doch gestern so stark zurückblieb, jetzt plötzlich den Berg so forsch angehen kann. Ob er doch die Abkürzung gewählt hat? Er ist schließlich alt genug. Bei einem Jugendlichen hätte ich rechtzeitig eingreifen müssen.
Auch die beschwerlichste Wegstrecke findet ein Ende. Das ist wie im richtigen Leben. Pilgern ist ja ein Gleichnis des Lebens. Endlich also kommen wir oben an. Wenn ich alle drei Pässe miteinander vergleiche, die ich bisher gegangen bin, den Futa-Pass, den Brenner und den Zirler Berg, so ist dies der steilste und schwierigste. Jetzt weiß ich, warum ich auf der Karte diese Steigung gescheut habe. Aber es ist gechafft. Nur Peter ist nicht mehr zu sehen. Er ist wie von der Bildfläche verschwunden.
Als wir nach einer größeren Pause weitergehen, begrüßt uns eine entgegenkommende Urlaubergruppe aus Bürstadt überschwenglich mitten auf der Straße. Voriges Jahr erzählte ich ihnen von unserem Pilgerweg und dass wir auf dieser Straße an diesem Tag vorbeikommen müssten, ungefähr um die Mittagszeit. Das Warten der Gruppe in dem Leutasch-Gebiet hat sich gelohnt. Auch wir beide freuen uns, zumal es doch noch nie vorgekommen war, dass wir unterwegs Bekannte

getroffen haben. Ich darf sogar von dem Angebot Gebrauch machen, mit dem Handy zu Hause Loni anzurufen, die sich riesig freut über mein und unser Lebenszeichen. Auf die Frage, ob sie etwa unseren Mitpilger Peter gesehen haben, erinnern sie sich an einen Mann an der Straße, der zu uns gehören könnte. Dass Peter uns Kilometer voraus sein sollte, und warum er dann nicht gewartet hat, das kommt mir sehr rätselhaft vor.
Wir verabschieden uns von der Urlaubsgruppe und gehen weiter. In der nächsten Ortschaft, in Seefeld, kehren wir in einem Lokal ein und bitten den Ober um eine warme Suppe. Hier oben ist es doch recht kühl und wir sind von dem steilen Anstieg ziemlich ausgepowert. Bei jeder anderen Gelegenheit hätten wir eine Suppe einfach als Menü-Vorspeise angesehen. Doch diese warme Suppe, die wir bekommen, ist so etwas wie ein Hauptgericht, das uns stärkt, kräftigt und auch innerlich wieder ein Stück aufrichtet.
Wir schlängeln uns durch die vielen Urlauber in den Straßen hindurch und gehen weiter in der Hoffnung, irgendwann und irgendwo Peter wieder zu sehen. Da plötzlich bleibt auf der anderen Straßenseite ein Auto stehen und eine Frau fragt uns, ob sie uns mitnehmen könne. Wir erklären ihr unser Anliegen und lehnen ab. „Ob sie denn sonst etwas für uns tun kann“ fragt sie weiter. „Eigentlich nichts“ erwidern wir und erzählen ihr, dass wir heute noch bis Leutasch wollen. „Dort haben wir doch ein Haus bei der Schwiegertochter, da könnt ihr mit uns Abendbrot essen“, ruft uns die Frau zu, die noch ihre Tochter im Auto hat. „Das ist eine gute Idee“, rufen wir zurück und lassen uns erklären, wo wir das Haus finden können.
Das sind schon Momente, die einen umwerfen. Da schickt uns doch der liebe Gott mitten im Zweifel so eine Frau, die uns zum Essen einlädt, obwohl wir doch noch gar nicht am

Tagesziel angekommen sind. Das macht wieder Mut. Joy und ich schlagen im einsetzenden Regen ein Tempo an, wie ich es bisher nie gegangen bin. Dazu geht es bergab, aber es kommt lange keine Ortschaft. Nur Wald und immer wieder Wald. So vergeht Stunde um Stunde, bis wir schließlich am Nachmittag an einem Ort ankommen, der uns völlig überrascht. Wir sind nämlich schon fast an der österreichisch-deutschen Grenze in Scharnitz.

Eine österreichische Polizeistreife fährt an uns vorbei, und ich merke schon, dass uns die Insassen prüfend anschauen. Es dauert nicht lange, da kommt uns die gleiche Streife wieder entgegen. Wir werden erstmals einer Kontrolle unterzogen. Wir müssen die Pässe zeigen, die sogleich im Auto überprüft werden. Sie fragen Joy nach der Einreisegenehmigung, und als er keine vorzeigen kann, wollen sie ihm Schwierigkeiten bereiten. Mir schießt es durch den Kopf. Dies käme einem Abbruch gleich. Ich erkläre den Beamten, dass er als Inder ja legal in Deutschland lebe und eine Aufenthaltsgenehmigung zu Hause habe. Erst mein energisches Durchgreifen bewirkt, dass wir unbehelligt weitergehen dürfen. Wir erfahren, dass die Beamten einen Kriminellen suchen. Sieht man schon kriminell aus, wenn man eine dunkle Hautfarbe hat, denke ich? Ich darf das aber jetzt nur denken, sonst behalten sie ihn noch da.

Noch wollen wir heute nicht über die Grenze gehen. Wir haben ja noch die Einladung zum Abendessen von dieser Frau. Wo liegt eigentlich dieses Leutasch? Im Zentrum von Scharnitz erfahren wir, dass dies ein ganzes Urlaubsgebiet umschließt und nicht nur einen einzigen Ort meint. Wir fragen weiter nach der Anschrift und dem Haus dieser Frau bzw. ihrer Schwiegertochter und werden auf einen mehrere Kilometer entfernten Ort verwiesen, der seitlich von unserer eingeschlagenen Route liegt. Was tun? „Wir sind unglaub-

würdig, wenn wir nicht zum Abendessen kommen", sage ich zu Joy. Also versuchen wir, per Autostopp dorthin zu kommen.
Also wieder rückwärts. Und wer taucht da vor uns noch mitten auf der Hauptstraße auf? Es ist Peter. Freudestrahlend berichtet er uns, er sei gut angekommen und wollte sich hier ein Zimmer nehmen, weil ihn niemand aufgenommen hätte. Spätestens jetzt weiß ich, dass er eine Geldreserve bei sich hat. Ich erzähle ihm von der Frau, bei der wir zum Abendessen eingeladen sind, und er schließt sich uns wieder an. In zwei verschiedenen Autos werden wir mitgenommen und brauchen nicht lange zu warten. Am Pfarrhaus des Ortes steigen wir aus, und als wir eintreten, werden wir schon vom dem Pfarrer als Pilger begrüßt. Sohn und Schwiegertochter der Frau, die uns einlud, weilen auch im Pfarrhaus zu einem Taufgespräch. Uns verschlägt es die Sprache. Da wissen schon wildfremde Leute von uns, noch ehe wir angekommen sind.
Der Pfarrer erklärt sich sehr schnell bereit, uns auch für die Nacht aufzunehmen. So fahren wir mit den Taufeltern in einem anderen Ortsteil und treffen so auf die Frau von der Straße und erfahren, dass sie aus Innsbruck kommt. Alle Drei dürfen wir Gast sein in dieser Familie, die uns überschwenglich bewirtet. Wir begegnen einer tiefen Gastfreundschaft und Herzlichkeit, wie ich sie schon von Italien her kenne. Aber ich bin erneut beschämt, was uns da so unverdient zuteil wird. Kein Wunder, dass wir bis zum späten Abend erzählen und uns austauschen in allem, was uns bewegt. Der Pfarrer erwartet uns schon ungeduldig, als uns die Frau von Innsbruck wieder zurück ins Pfarrhaus fährt. Er hätte sich auch gerne mit uns unterhalten.

Samstag, 12. September

Wir holen das Gespräch am Morgen beim Frühstück nach, das am Abend nicht mehr zustande gekommen war, und hören dem älteren Pfarrer zu, dem es guttut, von früher zu erzählen. Wir bekommen reichlich Proviant mit, und auch er fährt uns mit seinem Auto wieder dorthin, wo wir tags zuvor vor der Grenze unseren Weg abgebrochen haben. Wir verabschieden uns sehr herzlich von diesem fürsorglichen Pfarrer, einem echten Seelsorger.
Es regnet recht heftig, als wir die Grenze in Scharnitz überschreiten. Diesen Punkt erwähnt Jordan eigenartigerweise wieder. Peter, der wieder bei uns ist, bleibt zurück und beschwert sich, weil wir erst vor Mittenwald auf ihn warten und der Regen ihm Probleme bereitet.
Es kommt zu einem grundsätzlichen Gespräch zunächst wegen dem Regen. Peter erklärt uns aber dann, er wolle zum Arzt gehen wegen enormer Rückenprobleme. „Wir gehen mit dir und gehen nicht eher weiter, bis du wieder fit bist", versichere ich ihm, aber er neigt dazu, den Weg abzubrechen. Ich habe es kommen sehen aufgrund seines Verhaltens am gestrigen Tag. „Die Gesundheit geht vor", sage ich noch, und nachdem ich mich nochmals anbiete, bei ihm zu bleiben, lehnt er ab. Erneut will er Joy auf seine Seite ziehen, aber der hält strikt daran fest, mich weiterhin zu begleiten. Und so trennen wir uns vor Mittenwald.
Erfahrungsgemäß war es auf allen Etappen so, dass nach einem besonders wunderbaren Ereignis wie dem gestrigen ein Tiefschlag kommt, eine Enttäuschung. So, als wollte Gott einem als Vorschuss viel Kraft und Zuversicht geben, damit man mit der Bitternis fertig wird. Ich ahnte es schon am gestrigen Tag, dass Peter ausscheren wird. Er hat nur noch eine

Begründung gesucht. Und sie kommt prompt. Aber wer pilgert, muss auch Niederlagen einstecken können. Sie bleiben nicht aus. Pilgern ist kein Honigschlecken. Wiederum ein Vergleich mit dem richtigen Leben. Nur sollte man die wahren und eigentlichen Gründe ehrlich benennen. Es gibt keinen Vertrag, es gibt keine rechtliche Verpflichtung, jeder kann zu jeder Zeit den Pilgerweg abbrechen. Ich hoffe nur, dass es Peter weiterhin gut geht und dass sich mit seinen Rückenschmerzen nichts Schlimmes herausstellt.
Es regnet und regnet und regnet. Jetzt wird mir deutlich, wie wichtig ein Mitpilger ist, und ich bin froh, dass Joy seine Entscheidung zum Weitergehen mit mir getroffen hat, wie Jean Maria bei der ersten Etappe. Das gibt es auch: Freude und Ermutigung mitten in der Enttäuschung. Joy hilft mir und ich ihm bei den Rastabschnitten, das Regenzeug vom Rucksack herunter und wieder auf den Rucksack darüber zu streifen. Das kann man schlecht allein. Einen Regenschirm bei sich zu haben, halte ich für nicht gerade pilgergemäß. Das Regenzeug ist schon gut, wenngleich man darunter auch schwitzt und nach 2-3 Stunden das Unterhemd wechseln und trocknen muss. Es gibt nichts Schlimmeres beim Pilgern als Regen und Kälte zusammen. Heute ist dies der Fall. Die Berge sind über Nacht bereits mit Schnee bedeckt worden. Und es ist schon sehr kalt. Also immer wieder anhalten und sich abtrocknen. Zu den bisherigen Grundbedürfnissen Essen, Trinken und Übernachtung kommt jetzt ein weiteres hinzu, nämlich Aufwärmen und Trocknen. Würden wir es nicht tun, wir hätten uns schnell erkältet.
Aber wir gehen unbeirrt weiter und irgendwie gewöhnt man sich auch an den Regen. Nur zu Beginn meint man, man müsse sich unterstellen und abwarten. Aber hier und heute ist Abwarten zwecklos, es regnet ununterbrochen. In einer Gaststätte kehren wir ein und bekommen wie gestern eine

Terrine warmer Suppe. Nach etwa einer halben Stunde habe ich den Eindruck, der Ober ist froh, wenn wir bei dem voll besetzten Lokal wieder weitergehen. Wir brechen auf und sehen auf einem Parkplatz einen 10-Mark-Schein liegen. „Den hat uns der liebe Gott hingelegt“, sage ich zu Joy, und ich habe überhaupt keine Probleme, ihn aufzuheben. Wenn wir das Geld nicht aufheben, wird es ein anderer tun. Dass der Besitzer ihn wiederfindet, ist eher unwahrscheinlich.
Also freuen wir uns darüber, weil wir jetzt in einem Lokal einkehren und bezahlen und länger sitzen bleiben und uns trocknen können. Gesagt, getan. Wir gehen in die nächste Gaststätte direkt an der Straße, nicht mehr weit weg von unserem Tagesziel Partenkirchen. Wir trinken einen Kaffee und heben uns das übrige Geld auf für den Notfall. Als wir bezahlen und aufbrechen wollen, sehe ich draußen Peter an der Straße vorbeigehen. Ich denke, mich trifft der Schlag. Ich rufe ihn herein, und er erzählt recht froher Dinge, dass er eine Abkürzung genommen habe und weitergegangen ist. „Das mit den Rückenschmerzen hat sich weitgehend gelegt“, erklärt er uns.
Also gehen wir zusammen weiter. Peter geht wieder vor und erhöht das Lauftempo, und es dauert nicht lange, da ist er unseren Blicken schon wieder entschwunden. Er weiß, dass wir in Partenkirchen bei den Kapuzinern oben auf dem Berg übernachten wollen. Aus der Karte war zu entnehmen, dass sich da oben ein Kapuzinerkloster befinden soll. Als wir ankommen, macht uns ein Bruder auf und sagt, dass vor nicht allzu langer Zeit ein Pilger angekommen sei und nach einer Übernachtung gefragt habe. Ich bin erneut überrascht und frage mich, warum Peter allein vorgeprescht ist und nicht auf uns wartet, obwohl diese Grundregel doch zur Gemeinschaft des Pilgerns gehört. „Es ist kein Platz im Kloster und alle Gästezimmer sind voll belegt“, bekommen auch

wir zu hören. Trotzdem fragen wir, ob wir nicht wenigstens draußen schlafen können, an einem überdachten Platz vor der Klosterkirche. Da kommt meine wohl angeborene Bettelgesinnung wieder durch, da ich nicht nachlasse, erneut um eine Unterkunft zu bitten. „Wir sind nass und durchfroren und erschöpft von den vielen Kilometern, die wir heute zurückgelegt haben", erkläre ich ihm und ob es nicht doch noch eine Möglichkeit gebe, zumal wir ja kein Geld dabei haben.
Der Klosterbruder bittet uns, wir sollen uns etwas gedulden. Er geht den Flur entlang und verschwindet. Freudestrahlend kommt er zurück und berichtet uns, zwei ältere Damen würden uns aufnehmen. In Notfällen würden sie des Öfteren einspringen. Mit seinem Auto fährt er uns um einige Ecken zu diesen beiden älteren Damen, die uns schon erwarten. Ein Kaffee und eine heiße Suppe machen uns wieder Mut, und endlich können wir unsere durchnässten Kleider trocknen. Dazu ein Federbett. Wir brauchen also nicht auf dem Fußboden zu schlafen. Wieder ein Stück Himmel auf Erden.

Sonntag, 13. September

Wir gehen in Partenkirchen zur heiligen Messe und danken Gott für diese wahren Heiligen, für die Frau aus Innsbruck, für den Kapuzinerpater und für die beiden älteren Damen in Partenkirchen. Die Kirche lebt in diesen Heiligen, die Christentum pur vorleben und bezeugen.
Als wir den Philosophenweg beim Abmarsch entlang gehen, ein mit Zitaten von berühmten Philosophen auf Bänken bestückter Fußweg im Wald, da denke ich, was helfen die besten Sprüche, wenn sie nicht in die Tat umgesetzt werden. „Fromme Sprüche gibt es genug", schrieb einmal eine Zei-

tung bei einer Buchvorstellung von mir. Das Tatchristentum ist gefragt, das mehr als alles andere bewirkt. Was helfen uns die vielen Deklarationen, Schriften und Predigten in der Kirche, wenn sie nicht mit der christlichen Tat im Einklang stehen. „Jeder Christ ist selbst die glaubwürdigste Mission", so ähnlich sagte es Mutter Teresa einmal. Hier sind uns – und auch bei den anderen Etappen – viele überaus glaubwürdige Christen begegnet. Die schwächsten Glieder sind bisher wir selber.

Links vor mir sehe ich noch einmal den höchsten Berg Deutschlands, die Zugspitze, und dann schwenken wir in Oberau ab 'gen Westen und landen zu Mittag in Ettal, dem berühmten Benediktinerkloster mit dem guten Likör. Wir hören uns nur kurz eine Fremdenführung an, sehen nur flüchtig die Kunstschätze der Klosterkirche und gehen bald wieder weiter. Oberammergau ist unser Tagesziel. In Deutschland können wir uns schon nach Tageszielen einrichten, denn diese Gegend ist mir hinreichend bekannt.

Wir verlassen die hohen Berge, sie werden immer kleiner. Das Alpenvorland hat auch seine besonderen Reize. Zielbewusst gehen wir diesmal zur katholischen Pfarrgemeinde. Es ist ja noch Sonntag und alles ist am Spätnachmittag ruhig und beschaulich in der Festspielstadt. Ein Kaplan öffnet uns, er fragt den Pfarrer, ob wir übernachten dürfen, und nachdem wir uns ausgewiesen haben, dürfen wir dableiben. Wir schlafen im Kellergeschoss und sind ganz zufrieden mit den Räumlichkeiten. Die Anlage ist modern und sauber, alles wirkt noch sehr neu.

Montag, 14. September

Nach dem malerischen Oberammergau erreichen wir Unterammergau. Der Regen reißt nicht ab, und ich habe kaum Gelegenheit, etwas aufzuschreiben. Wir sind allzusehr mit uns selbst beschäftigt. Nur über Peter machen wir uns Gedanken und sprechen oft über das, was sich ereignet hat. Wir rätseln über sein Verhalten und sind uns ziemlich sicher, dass er nach Hause gefahren ist, weil er ja Geld dabei hat und sich, ohne betteln zu „müssen“, durchschlagen kann. Er war nicht hilfsbedürftig, insofern machen wir uns keine allzu großen Sorgen um ihn. Wenn einem Mitpilger etwas zugestoßen wäre, wie eine Krankheit oder ein Unfall, dann hätte ich schon abgebrochen. Aber bis jetzt ist das ja noch nicht der Fall. Ich habe eher den Eindruck, dass er sich von Anfang an überschätzt hat mit dem Unternehmen „bettelnder Pilgerweg“.
In einem Altenwohnheim bekommen wir diesmal ein warmes Mittagessen. Wir dürfen uns in der Zentralküche heraussuchen, was wir möchten. An so einem Regentag tut es gut, eine warme Mahlzeit einnehmen zu dürfen, dank dem freundlichen Koch.

Dienstag, 15. September

Von der Übernachtung in Peiting gehen wir schnurstracks in Richtung Augsburg. Auch heute ist wieder ein Regentag. Erst so langsam wird mir bewusst, dass wir ja in Deutschland sind, dass wir über die Grenze gegangen sind. Jetzt wird mir auch klar, warum der liebe Jordan aus dem Spoletotal Scharnitz erwähnt. Von da ab war er ja bei den Germanen, und da hatte die erste franziskanische Gruppe im Jahre 1219

Schwierigkeiten wegen der Sprache bekommen. Die Franziskaner wurden für Wegelagerer gehalten, ähnlich wie Joy für einen Kriminellen, und sie wurden verprügelt. Dies ist uns bisher Gott sei Dank erspart geblieben. Aber um des Evangeliums willen müssten wir auch dies hinnehmen, so sagt es jedenfalls die Bergpredigt. Franziskus wurde auch einmal verprügelt und in den Graben geworfen. Nach Deutschland zu gehen kam schon der Bereitschaft zum Martyrium gleich, und Bruder Jordan hat an mehreren Stellen von der Gewalttätigkeit der Deutschen in seiner Reisebeschreibung berichtet.

Bisher haben wir 95–98 % nur Gutes erfahren: in Italien, in Österreich und in Deutschland. Ich hoffe, dass es so bleiben wird. Aber dass wir an einem Marientag nach Deutschland über die Grenze gehen, das muss noch festgehalten werden. Es war der 12. September, dem Fest „Mariä Namen". Maria, der Mutter Jesu, haben wir zu danken, dass wir an diesem überaus kritischen Tag abends heil ankamen. Und es sind genau 777 Jahre seit der ersten Franziskanermission her, dass dieser Pilgerweg unter ähnlichen Bedingungen nachgegangen wird. Bei Krün vor Partenkirchen gibt es eine in Felsen eingedrückte Wagenspur aus der Römerzeit, die heute noch zu sehen ist, unweit unserer Pilgerstraße, die wir gehen. Hier befand sich die altrömische Brenner-Route gen Süden und umgekehrt gegen Norden. Und hier in dieser Gegend im Schongau gibt es noch Reste dieser alten Route. Mit ziemlicher Wahrscheinlichkeit haben die Franziskaner diesen Weg genommen, als sie in Augsburg ankamen. Das ist schon ein erhebendes Gefühl, an eine alte Reise-Tradition anknüpfen zu dürfen, natürlich heute unter anderen Bedingungen. Aber so viel anders ist unser Pilgerweg wiederum auch nicht. Die Landschaft ist geblieben, die Flüsse und Täler, die Berge und Auen. Nur die Städte und Dörfer waren kleiner und die Straßen einfacher und holpriger.

In einem Lokal bitten wir zu Mittag um ein Essen und zwei Frauen gesellen sich mit ihrer Tochter zu uns und bezahlen alles. Wir sind ganz gerührt und führen ein interessantes Gespräch mit den Frauen. An anderer Stelle bekommen wir in einem Restaurant Wasser, Kaffe und in einem REWE-Markt gibt es Wurst und Obst und vom Bäcker Brot für den Tag. Ja sogar eine Zahnbürste, die wir heute morgen bei der Toilette liegenließen, bekommen wir von einem Verkäufer ersatzweise geschenkt. Es sind die vielen Kleinigkeiten, die nicht unerwähnt bleiben dürfen, die vielen kleinen Gesten unterwegs, die uns weiterführen und helfen, am Ziel anzukommen.
Hier auf dieser geraden Straße sind wenig Dörfer und Häuser. Daher müssen wir nach der Karte abseits der Straße um Übernachtung anfragen. Durchnässt kehren wir in einer Gaststätte ein und wärmen uns ein wenig auf. Erst beim Hinausgehen sagt der Gastwirt, dass vorhin ein Mann vorbeigekommen sei, der nach einer zweiköpfigen Pilgergruppe fragte. Erneut schießt es mir durch den Kopf wie vor Partenkirchen: Das kann nur Peter gewesen sein. Wie kommt denn der hierher, fragen wir uns. Der hat uns ja regelrecht „verfolgt". Wo er hingegangen ist, kann der Wirt nicht sagen.
Ich bin ganz sicher, dass es Peter (Joy sagte immer „Pitter") war, der nach uns fragte und uns suchte. Also gehen wir weiter. Es dauert nicht lange, fast an jener Stelle, wo wir von der Straße abbiegen und nach einem Quartier fragen wollen, bleibt ein Auto neben uns am Straßenrand stehen. Und wer steigt aus? Es ist Peter. Wenn ich mit allem gerechnet hätte, damit wirklich nicht. Erholt und glücklich berichtet er uns, dass er sich in Garmisch einen Leihwagen genommen und in diesen Tagen viele Klöster und Kirchen besichtigt habe. Was soll man in einer solchen Situation sagen? Ihm böse sein? Spontan freue ich mich, dass er auf seine Weise diese Tage verbracht hat uns es ihm offensichtlich sehr gut geht. Wir

erzählen natürlich von unseren Erfahrungen. Ein Mitpilger steht mit einem Auto neben uns. Ich kann es immer noch nicht einordnen.
Peter will uns in die seitliche Ortschaft mitnehmen. Ich zögere zunächst etwas, doch möchte ich ihn nicht beleidigen und wir fahren mit ihm. In einem Pfarrhaus in Untermeitingen bekommen wir gleich Quartier. Eine Frau der Gemeinde kümmert sich sehr um uns. Nur muss ich Peter vorher wegschicken, sonst gibt es Irritationen. Franziskanische Pilger mit dem Auto, da kann etwas nicht stimmen, muss sich sonst der Pfarrer denken. Wir verabreden uns bis Augsburg, von wo aus wir ja zusammen mit dem Zug nach Hause fahren wollen. Außerdem kann ich es nicht verantworten, dass jemand mit dem Auto mit uns übernachtet.

Mittwoch, 16. September

Das mit Peter müssen wir erst noch verkraften. Joy und ich haben heute viel Gesprächsstoff, ja eigentlich schon die ganzen Tage. Peter hat uns wie ein Schatten begleitet. Nun wissen wir wenigstens, wo er ist und dass es ihm gut geht. Es ist der letzte Pilgertag dieser Etappe und es regnet immer noch. Ja, es regnet heute besonders heftig. Dazu der Wind, der seitlich vom Westen über die Straße fegt. Meine Isomatte halte ich stundenlang vor die Knie, weil sonst die Hose nass würde.
Der Pfarrer von Untermeitingen fuhr gestern Abend noch mit uns nach Kloster Lechfeld und zeigte uns die verwaiste Klosteranlage. Wie ein verlassenes Schwalbennest sieht sie aus. So als wären die Franziskanerbrüder erst vor kurzem ausgezogen. Die Räume, das Refektorium, die Bilder, alles befindet sich noch in gutem Zustand. Nur die Brüder fehlen.

Es ist so schade, dass die „franziskanische Spur" in Deutschland stark versandet ist. Und da, wo noch Brüder klösterliches Leben pflegen, zeichnet sich eine Überalterung ab. Der Pfarrer bewirtet uns, wir bekommen Wein zu trinken, und wenigstens er versucht auf seine Weise, den franziskanischen Geist noch weiterzugeben an die Wallfahrer und Pilgergruppen. Die Frau aus der Gemeinde gibt uns noch etwas Geld mit, und wir kaufen uns davon Obst in einem türkischen Geschäft am Kloster Lechfeld.
Wir sind mitten im Lechfeld. Aus dem Geschichtsunterricht weiß ich um die „Schlacht auf dem Lechfeld". Wir gehen auf mit Blut getränkter Erde aus der Vergangenheit. Die Tiefflieger von Landsberg, die mit ihrem Getöse über uns brausen, der heftige Regen, dazu eine lange Tief-Baustelle vor Lager Lechfeld, die wir durchschreiten müssen, das alles bringt uns – jedenfalls mich – auf einen seelischen Tiefpunkt. Das erstemal bin ich dem Weinen nahe. Warum müssen wir uns das antun, diese Strapazen, frage ich mich. Und es gibt Unheilsgegenden, da spürt man noch heute den Kampfgeruch der Vergangenheit. Umgekehrt gibt es spirituelle Orte, da liegt heute noch der Schleier der Heiligkeit darüber. In dieser Tiefstimmung gehen wir an einer ev. Kirche vorbei. Sie nennt sich „Friedenskirche". Wir gehen hinein und bekommen von zwei Frauen warmen Kaffee zu trinken und dürfen uns aufwärmen. Die tröstenden Worte der Beiden wärmen innerlich zusätzlich auf. Was wird doch alles über Ökumene geredet und diskutiert. Hier ist sie, die wahre Ökumene, wo die Barmherzigkeit nach der Bibel in reiner Form gelebt wird. Alles andere sind hohle Worte.
Müde und abgespannt nach dieser dramatischen und spannungsgeladenen Etappe erreichen wir Augsburg. Es ist der Festtag der hl. Hildegard von Bingen, eine heilige Frau, die ich sehr verehre, wegen ihrer Universalität und Ganzheit-

lichkeit ihres Denkens und Handelns. 17 Minuten nach 17 Uhr durchschreiten wir das Portal des Augsburger Domes, Joy und ich. Hier in dieser Kirche habe ich einmal im Jubiläumsjahr 1980 anlässlich 450 Jahre „Confessio Augustana“ Freré Roger, dem Prior der Mönchsgemeinschaft von Taizé, nach einem Gottesdienst mit Jugendlichen ein Kreuz in seine Hand gezeichnet. Er stellte sich mitten in der Kirche auf, und zum Zeichen der Einheit der Christen durfte jeder dieses Segenszeichen in die Handfläche drücken. Hier hielt sich auch 1518 Luther auf, und man wollte noch einmal versuchen, die Kirchenspaltung zu vermeiden, doch leider vergebens. In Augsburg fand das erste franziskanische Provinzkapitel in Deutschland statt. Es war der erste Sammel- und Stützpunkt nach Trient. Von hier aus zogen die Brüder nach Nürnberg, nach Mainz, nach Salzburg und gründeten neue Niederlassungen. Sie wurden überall freudig aufgenommen, wenngleich es hie und da auch zu Spannungen mit dem Klerus kam. Wir setzen uns in die Kirchenbank, legen unseren Rucksack nieder und spannen erst einmal aus. Neben uns wird der Rosenkranz gebetet. Wir schließen uns in der Stille an. Wir haben viel Grund zum Danken und zum Beten. War dies doch eine ganz besonders schwierige Etappe. Allein der ununterbrochene Regen an mehreren Tagen machte uns innerlich und äußerlich sehr zu schaffen. Dazu der Wind und die Kälte. Peter treffen wir wieder im Franziskanerkloster. Soll ich ihm böse sein?

Ich freue mich, dass er das Beste aus seiner Situation gemacht hat. Er hat uns ja irgendwie nicht „allein gelassen“ und ist immer wieder aufgetaucht. Aber dieser Pilgerweg entsprach nicht seinen Vorstellungen, und an ihm wird ja gerade deutlich, welche hohen psychischen und inneren Anforderungen diese Form des Pilgerns an den Einzelnen stellt. Dennoch verkneife ich mir nicht die Bemerkung von der wah-

ren Freude, von der Franziskus spricht. Bruder Leo schreibt diese Begebenheit auf. Franziskus wird mehrmals zuletzt von seinen eigenen Brüdern abgelehnt, als er erfroren und in eisiger Kälte an der Klosterpforte steht und um Einlass bittet. Auch da immer noch nicht verzweifeln, sondern in Demut ausharren, das ist für ihn die wahre Freude. Dieser Augenblick kam für Peter an der Pforte der Kapuziner in Partenkirchen. Das war für ihn der Punkt, endgültig abzubrechen.
Wir sind jedenfalls wieder vereint und Peter schenkt mir für meine Geduld und mein Verständnis ein kleines Büchelchen, das er unterwegs erwarb. Eine schöne Geste. Bei den Augsburger Kapuzinern finden wir uns zusammen ein. Wir nehmen an einer ganz intensiven heiligen Messe teil, essen zusammen Abendbrot. Ein schöner und versöhnlicher Abschluss für eine Etappe voller Dramatik.

Donnerstag, 17. September

Bevor wir mit dem Zug nach Hause fahren, sehen wir uns noch ein wenig in Augsburg, der Fuggerstadt um. Wir gehen zur Kirche „St. Ulrich“, an der wir gestern eingezogen sind. Durch das Frauentor waren wir in die Maximilianstraße eingebogen Richtung Dom. Diesen Weg müssen damals auch die Franziskaner genommen haben.
Beim Frühstück erfahren wir von der Barfüßerkirche, dem ursprünglichen Kloster, und gehen auch hin. Sie wurde 1243, also 22 Jahre nach der Ankunft der Brüder, bereits erbaut. Man muss annehmen, dass auch hier die erste Niederlassung war. Dieses Urgestein aufzuspüren, ist mir ganz wichtig. Hier lebten sie, die Minderbrüder, hier wirkten sie und hier beteten sie. Und ich darf an dem gleichen Ort von Assisi aus kommend verweilen.

Wir gehen wieder zu den heutigen Kapuzinern, die ihr Kloster inzwischen außerhalb des Zentrums haben. Der Dritte Orden der bayrischen Provinz ist dort ebenso ansässig. Beim Mittagstisch begegnen uns Mitglieder aller drei franziskanischen Orden, die zufällig zu einer Tagung versammelt sind. Es ist schön, auf dem Weg nach Deutschland die Vielfalt der franziskanischen Bewegung noch heute spüren zu können. Wenigstens hier.

Wir trinken Kaffee und brechen mit einem Gebet im Augsburger Dom auf zum Bahnhof. Dass wir alle drei, so wie wir in Innsbruck angekommen sind, versöhnt und frohen Mutes nach Hause fahren, dies erfüllt mich mit besonderer Freude. Und mich beflügelt die Gewissheit, dass ich nach 777 Jahren den franziskanischen Geist im Rucksack erneut über die Alpen nach Deutschland bringen konnte. Das ist keine Anmaßung, sondern demütige Feststellung. Mir ging es von Anfang an darum, diesem Ziel näher zu kommen. Ich bin mir gewiss, dass dies eine gewaltige Verpflichtung ist.

SECHSTE ETAPPE: AUGSBURG – WÜRZBURG

Donnerstag, 16. – Donnerstag, 23. September 1999
ca. 230 km = 8 Wandertage

MITTWOCH, 15. SEPTEMBER

Wir fahren mit dem Abendzug Richtung Augsburg zur 6. und vorletzten Etappe des Pilgerweges Assisi-Mainz. Noch zwei Mitpilger bereiteten sich mit mir auf diese längste Etappe von ca. 230 Kilometern vor. Haben wir bisher die Teilstrecken in 7 Tagen bewältigt, so sind diesmal 8 Tage angesetzt. Hans Bühler, ein evangelischer Pfarrer, ist als Neuling dabei und Matthias, der bereits zwei Etappen mitgelaufen ist. Von hier ab nimmt der Weg von der Zusammensetzung der Pilger her stärkere ökumenische Dimensionen an. Wir haben wie immer gut trainiert, und vor zwei Stunden versammelten wir uns zum Aussendungsgottesdienst in der Rehbacher Kapelle.
Diesmal wählte ich das Thema: „Ja zum Kind im Mutterleib". Wir wollen ja auf Armutsthemen in Deutschland und Europa aufmerksam machen, und so war es naheliegend, auf diese Problematik einzugehen. Eine Frau von einer kirchlich unabhängigen Beratungsstelle („Die Birke"), die keine Scheine ausstellt, konnten wir für den Gottesdienst gewinnen. Es ist wohl kein Zufall, dass am heutigen Tag Bischof Karl Lehmann als Vorsitzender der Deutschen Bischofskonferenz nach Rom berufen wird wegen der Frage der Beratungsscheine. Und am

Ende unserer Etappe wird sich die Herbstkonferenz der deutschen Bischöfe in Fulda mit der gleichen Frage beschäftigen. Uns geht es darum, darauf hinzuweisen, dass in einem reichen Land wie Deutschland immer noch abgetrieben wird und sich die Gesellschaft damit ein Armutszeugnis ausstellt (136 000 Abtreibungen im Jahr 1998). Hier wird Leben in der keimenden Zelle unter dem Vorwand der sozialen Indikation zerstört. Auch keimendes, noch nicht voll entwickeltes Leben ist menschliches Leben in seinen vollen Anlagen. Was wäre, wenn unsere Mütter abgetrieben hätten? Es gäbe uns nicht. Hier wird Leben im Mutterleib verhindert und zerstört. In Armutsgebieten wie Indien, Afrika und Südamerika sind Kinder ein Reichtum und keine Last. Bei unseren Einbis Zweikind-Familien wird schon von einer sozialen Notlage gesprochen. Das Kind im Mutterleib ist das schwächste Glied, das sich nicht wehren kann, und es bedarf des besonderen Schutzes der Gesellschaft.
Ein franziskanischer Pilgerweg muss sich auch solcher Themen annehmen, sonst bleibt es eine romantische unverbindliche, schwärmerische Wandertour. Armut nimmt bei Franziskus einen breiten Raum ein. Einsatz für die geringen Geschöpfe, Einsatz für die Armen und Geschundenen, das Tier und die Pflanze genauso wie den Menschen, das ist christlicher und das ist franziskanischer Dienst, auch heute noch. Die Begegnung mit dem Aussätzigen bezeichnet Franziskus in seinem Testament als Wende in seinem Leben. So wie er von da ab keinen Bogen mehr um den vom Aussatz Befallenen mehr machte, so dürfen wir keinen Bogen um Armutsprobleme unserer Gesellschaft machen. Wir müssen uns den Problemen stellen und Stellung beziehen. So bin ich im Zug noch ganz in Gedanken bei diesem Thema, vielleicht das schwierigste, das wir uns gestellt haben. Ich bin froh, dass Hans als evangelischer Pfarrer dem nicht ausgewichen ist.

Hauptbahnhof Augsburg. Es ist 22.47, wir machen uns zu Fuß auf den Weg zum Kapuzinerkloster, in dem wir bereits bei der letzten Etappe übernachteten. Wir klopfen an der Pforte, aber die ist zu und niemand öffnet uns. Wir gehen um das Kloster, aber alles ist zu, obwohl wir schriftlich angemeldet sind. Dieser Vorabend zählt ja noch nicht zum eigentlichen Pilgerweg, und bis dahin haben wir ja auch noch etwas Geld in der Tasche. Aber wir kommen nicht in das Gebäude hinein trotz unserer Klopfzeichen.
Was bleibt uns anderes übrig, als durch die offenstehende Auto-Einfahrt in den Klostergarten zu gehen in der Hoffnung, dass noch ein Pater kommen wird. Aber es kommt keiner. Also breiten wir unsere Sachen aus und bereiten unser Nachtlager vor. Das erstemal, dass wir im Freien schlafen. Es ist recht kühl am Abend. Als ich in meinen Schlafsack schlüpfe, ziehe ich mich ganz hinein, um ja keine Erkältung zu bekommen. Ich bin es nicht gewöhnt, im Freien zu schlafen mitten im September, und wenn ich akute Halsschmerzen bekomme, könnte dies das Ende vom Anfang der 6. Etappe sein. Aber wir haben keine andere Möglichkeit, und auch jetzt setze ich wieder auf absolutes Gottvertrauen.

Donnerstag, 16. September

Nach und nach kriechen wir aus unseren Schlafsäcken. Hans und Matthias inspizieren erneut das Klostergelände. Offenbar scheint man uns bereits gesehen zu haben. Auch wir machen uns bemerkbar, und als wir ins Kloster eingelassen werden, stellen wir fest, dass man schlichtweg vergessen hat, dass wir am Abend ankommen. Pater Guardian entschuldigt sich ganz höflich, und weil wir die Nacht alle Drei gut überstanden haben, lassen wir uns gerne zum Frühstück einladen. Ein-

mal im Kloster, erfährt man sogleich alle Segnungen eines solchen Hauses. Wir werden zuvorkommend behandelt und man will alles wieder gutmachen. Insofern lassen wir uns auch verwöhnen. Wir bekommen genügend Proviant mit, und ein Pater gibt uns eine Karte und eine erste Kontaktadresse eines Bekannten mit, bei dem wir übernachten können.
Nach herzlicher Verabschiedung geht es zunächst in die Innenstadt von Augsburg. Bei einer derartigen ökumenischen Zusammensetzung dürfen wir die Lutherstätten nicht auslassen. Zuerst gehen wir zur „St.-Anna-Kirche“ mit dem alten ehemaligen Karmeliterkloster, in dem Luther 1518 wohnte anlässlich der Begegnung mit dem Kardinalslegaten Cajetan. Von da führt der Weg zum so genannten „Fronhof“, in dem die „Confessio Augustana“ 1530, neun Jahre nach dem Reichstag in Worms, entstanden ist. Jenes bekannte „Augsburger Bekenntnis“, der Versuch einer friedlichen Beilegung der bereits einsetzenden Kluft im Streit um die Reformation. Eine Zeitungsredakteurin macht an dieser Stelle mit uns ein Foto für einen Bericht über unseren Pilgerweg.
Weiter geht es zum Augsburger Dom, und von hier aus beginnt es wieder ernst zu werden, vor allem mit der Abgabe des noch vorhandenen Rest-Geldes. Für mich ein ganz symbolträchtiger Akt, das letzte Geld in den Opferstock zu werfen, um dem Anliegen „des Bettelweges“ ganz gerecht zu werden. Wer Geld in der Tasche hat, verwirkt sich den „Anspruch“ des Bettelns, dieser Satz hat sich mir mehr und mehr eingeprägt. Und wer noch Geld in der Tasche hat, muss zwangsläufig in tiefe innere Konflikte kommen; denn wir können ja nur um das bitten, was wir dringend nötig brauchen. „Anspruch“ haben wir in diesem Sinne auf nichts, aber eine Art Berechtigung ist eher gegeben, wenn ich mittellos bin, als wenn ich eine Absicherung bei mir trage. Ein Scheck ist natürlich auch eine materielle Absicherung.

Also erneut dieses Wagnis eingehen in der Hoffnung, dass es auch diesmal wieder klappen wird. Es ist ein sonniger Tag, der uns das Lechufer schnurstracks entlang führt. Matthias habe ich mit der Kartenführung beauftragt und er macht seine Sache recht gut, vor allem hat er uns wieder aus der Stadt ins freie Land herausgeführt. Wir können diesmal angenehme Feldwege gehen und wir kommen bei einem forschen Tempo recht gut voran.
Meitingen ist unsere erste Übernachtungsstation. Wir sollen uns bei einem Firmeninhaber melden, so sagte es uns der Pater, und tatsächlich werden wir das erstemal in einem Bürogebäude aufgenommen. Wir bekommen etwas Geld, um Essen zu kaufen, und übernachten mitten in einem Firmenkomplex.

Freitag, 17. September

Als wir aufwachen und uns frisch machen, kommt bereits das Büropersonal und ist erstaunt über unsere Anwesenheit als Pilger. Aber nach einem freundlichen „Guten Morgen" und einem guten Frühstück gehen die einen an die Arbeit, und wir machen uns weiter auf den Weg, einem neuen Tag entgegen.
So hat jeder Tag seine eigene Plage, seine eigenen Freuden und seine eigenen Überraschungen. Mittags ruhen wir uns aus auf einem Sportfeld und legen uns ins Gras. Meine Sachen lege ich neben den Rucksack, auch das Hemd, das ich auszog. Es ist immer gut, Schuhe und Strümpfe bei den Pausen auszuziehen, auch das durchgeschwitzte Hemd, damit alles wieder austrocknet. Hygiene sollte bei einem Pilgerweg nicht klein geschrieben werden. Es bleibt nicht aus, dass sich nach einigen Tagen der Schweiß bemerkbar macht,

aber man soll, so oft es geht, die Wäsche waschen, trocknen, auslüften und wechseln. So liege ich mit dem Unterhemd im Gras und lege auch mein franziskanisches Tau ab, das ich täglich bei mir trage. Erst jetzt nach mehreren Kilometern merke ich in Donauwörth, dass mir mein Tau-Umhänger fehlt, aber ich kann nicht mehr zurück. Darüber bin ich sehr traurig, weil mir dieses Tau sehr viel bedeutet, zumal es aus Assisi stammt von einem Schnitzer, den ich persönlich kenne. Oft muss man sich von ganz liebgewonnenen Dingen bei einem Pilgerweg trennen. Das ist ja auch ein Gleichnis für das Leben. Aber das ist leichter gesagt als getan. Also laufe ich ohne Tau weiter.

Es ist ein beschwerlicher Tag. Wir sind schon 25 km bis Donauwörth gelaufen und wollen noch weiter und müssen dann bis zur nächsten Ortschaft noch 6 Kilometer dazulegen. Nimmt man die Seitenwege hinzu, dann sind es meistens mehr Kilometer, als an den Straßenschildern angegeben wird. Mein persönliches Limit liegt bei 32 Kilometern mit meinem Gepäck. Da geht es heute einmal wieder bis an die äußersten physischen Grenzen. Die beiden Mitpilger sind noch jünger als ich und verkraften dies wohl besser. Gott sei Dank gebe ich nicht nach, weiterhin nicht auf Feld-, Wald- und unwegsamen Höhenwegen zu gehen, denn dann wird es schwierig, den vorgegebenen Zeitplan einzuhalten, und die Gefahr eines Zusammenbruchs – und wenn es nur Blasen sind – ist dann doch zu groß. Wir kommen wohlbehalten und erschöpft in Wörnitzstein an. Ein katholischer Pfarrer nimmt uns in seinem Pfarrhaus auf und gibt uns reichlich zu essen. Wir können alle drei in getrennten Zimmern und in Betten schlafen. Eine Wohltat nach einem derart anstrengenden Tag.

Samstag, 18. September

In einem Kloster bei Ordenschwestern in Nördlingen übernachten wir und werden bewirtet und beschenkt in ganz wunderbarer Weise. Eine Schwester unternimmt mit uns einen „Abendspaziergang" entlang der Stadtmauer. Obwohl wir doch schon sehr müde sind, lassen wir uns dieses besondere Ereignis nicht nehmen. Wir befinden uns in einem modernen Klostertrakt und dürfen sogar in zwei Zimmern schlafen. Hans nimmt sich das Einzelzimmer.

Sonntag, 19. September

Wir gehen zusammen nichtsahnend aus der mittelalterlichen Stadt mit der geschlossenen Stadtmauer, und Matthias übernimmt weiterhin die Streckenführung. Wir kommen bald aufs Feld hinaus. Nach einigen Kilometern frage ich ihn, ob wir denn noch auf dem richtigen Weg sind. Er bejaht dies, obwohl ich Zweifel habe; denn nach meinem Orientierungssinn müssten wir rechts abbiegen zu jener Ortschaft, von der ich den Kirchturm sehen kann. Wieder nach einigen Kilometern frage ich ihn nach dem rechten Weg. Wir kommen nämlich immer mehr in unwegsames Gelände. Aber Matthias ist sich sicher, dass dies der rechte Weg sei. Als wir immer mehr nach meiner Ansicht von der Richtung abkommen, sage ich zu ihm, dass ich so nicht mehr weitergehe. „Dieser Umweg kostet uns viele Kilometer, die wir nie mehr einholen können." Aber Matthias besteht auf seinem Standpunkt der Richtigkeit. Also trennen wir uns, und Hans zieht es vor, mit mir weiter zu gehen.
Was will man in so einer Situation tun? Gegen seine Überzeugung einen Weg einschlagen, der mit Sicherheit nicht

zum Ziel führt? Das sind schwierige Situationen. An sich kann und muss sie der Leiter einer Gruppe treffen, diese Entscheidung, und der bin nun einmal ich. Wir beide gehen weiter und es bestätigte sich sehr bald, dass wir die falsche Richtung eingeschlagen haben. Unterwegs treffen wir am Nachmittag wieder auf Matthias. Auch er musste eine Wegkorrektur vornehmen, sonst wäre er nicht zu uns gestoßen. Aber die Stimmung unter uns ist unter Null gesunken. Matthias macht mir Vorwürfe, weil ich mich ihm nicht anvertraut hatte. Am Abend im Pfarrhaus zu Dinkelsbühl kommt es zur heftigen Aussprache. Matthias beschließt, allein weiterzugehen. Hans will mit mir den Weg fortsetzen. So kommt es erneut zu einer Trennung. Ich bin ganz traurig und beschämt, weil der Pfarrer uns so gastfreundlich aufnimmt und bewirtet, und wir sind der eigentlich versagende Teil der Pilgerschaft. Unfähig, sich über eine Wegsituation zu einigen. Doch vielleicht ist die Entscheidung von Matthias lediglich der Vorwand für eine viel tiefer sitzende innere Krise. Ich betone immer wieder, dass man sich irren kann, aber man muss irgendwo und irgendwann zu seinem Irrtum stehen und ihn auch einsehen.

Montag , 20. September

Das ist schon enttäuschend, wenn Pilger, die unter guten Voraussetzungen begonnen haben, sich plötzlich trennen, wie wir heute Morgen in Dinkelsbühl. Aber selbst bei Franziskus blieb eine solche Trennung nicht aus. Wegen des Armutsstreites, wegen unterschiedlicher Auffassungen über den einzuschlagenden Weg der Brüdergemeinschaft, kam es noch zu Lebzeiten zu einer solchen zunächst inneren, und dann auch äußeren Trennung. Es war die Zeit des Mattenkapitels 1221, wo sich die Situation zuspitzte, und Franziskus sogar die Ordensleitung niederlegte auch wegen der Spannungen unter den Brüdern. Auch für uns ist es schmerzlich, dass Matthias einen eigenen Weg wählt und unsere Dreiermannschaft verlässt. Ich kann mir nicht vorstellen, dass er sich allein weiterhin durchschlagen will unter diesen Bedingungen. Soll man deshalb einen Pilgerweg abbrechen? Soll man deshalb das ganze Unternehmen für gescheitert erkären? Ich entscheide mich erneut zum Weitergehen. Hans hat ja immerhin auch die Bereitschaft zum Weitermachen signalisiert.

Also arrangieren wir uns zu zweit und gehen weiter. Er als evangelischer Pfarrer und ich als katholischer Diakon, ein nicht uninteressantes Gespann. Wir lernten uns bei einer Pilgertagung kennen. Hans möchte zwar alles etwas gemütlicher angehen, aber auch ihm muss ich erklären, dass wir vorhaben, am nächsten Donnerstag im Franziskanerkloster in Würzburg sein zu wollen. Dort sind wir mit einer Übernachtung angemeldet. Dort werden wir am Abend erwartet. Natürlich könnte man auch einem anderen Pilgerkonzept folgen, indem man einfach losgeht und sich sehr viel Zeit nimmt für die Ankunft. Aber dann hätte ich vermutlich einige Wochen länger gebraucht, die mir aus beruflichen Gründen nicht zur Verfügung stehen. Ich bin Seelsorger und bekomme nur begrenzte Urlaubstage. Aus diesem Grunde hat mir der Personalchef meiner Diözese auch nicht drei Monate in einem Stück freigegeben für den Pilgerweg. Das ist für die Mitpilger sicherlich nicht einfach, sich einem derartigen konzentrierten Konzept zu unterziehen.

Wir haben schon unser Tagespensum an Kilometern erreicht und befinden uns an einem Weiler nahe dem Autobahnkreuz bei Feuchtwangen. Eine Frau mit dem Auto hält an und fragt uns, ob sie uns mitnehmen könne. Wir erkundigen

uns bei ihr dagegen, ob sie wüsste, wo man heute übernachten könne. Diese Frau war sehr mutig, als sie kurzentschlossen erwidert, wir könnten bei ihr zu Hause in der Wohnung ihrer Familie übernachten. Die Frau hatte noch nicht einmal ihren Mann konsultieren können, weil dieser erst später nach Hause kommt. Aber auch er sieht keine Probleme mit der Übernachtung von uns beiden. Und so verbringen wir den ganzen Abend mit dieser Familie, wir führen sehr interessante Gespräche, und es stellt sich heraus, dass diese Familie aus einem tiefen Glauben ihr Leben gestaltet.
Erneut bin ich tief beschämt. Da bringen wir es nicht einmal fertig, uns über einen Weg zu einigen, und hier dürfen wir in einer Familie in ihrem Wohnhaus übernachten. Welches Vertrauen uns diese Frau schenkt und natürlich auch der Mann. Wer nimmt schon fremde Leute von der Straße als Frau in sein Auto und bietet eine Übernachtungsmöglichkeit an? An unserem lauteren Aussehen kann es doch nicht allein gelegen haben. Da müssen schon Glaube und Leben oder Leben und Glaube in tiefer Übereinstimmung stehen. Und es ist nicht das erstemal, dass wir in einer Familie aufgenommen werden. Da gibt es keinen Unterschied zwischen Italien, Österreich oder Deutschland. Der Unterschied besteht lediglich in der glaubwürdigen Gläubigkeit, im Tatchristentum. Ein Kloster, ein Pfarrhaus, ist kein Garant für das Tatchristentum, auch nicht eine Familie. Aber hier begegnen wir noch dem Phänomen der Übereinstimmung von Glaube und Leben und sind überrascht, dass es dies noch gibt, in Klöstern, in Pfarrhäusern und in Familien. Ich bin beschämt, weil wir das als Gruppe nicht einbringen, was uns andere, wildfremde Menschen vorleben.

Dienstag, 21. September

Die Frau fährt uns mit dem Auto in aller Frühe die 8 Kilometer zurück an jene Stelle, an der wir gestern Abend einstiegen. Wir können nur einfach „danke“ sagen und Gott bitten, dass wir uns ein Beispiel an solchen glaubwürdigen Glaubenszeugen nehmen und ihnen nachahmen. Sofort denke ich auch an jene Familie vor Bologna, die uns auch in ihrer Wohnung auf der zweiten Etappe aufnahm, ich denke an die Heiligen unserer Zeit.

Wir setzen unseren Pilgerweg fort. In Rothenburg ob der Tauber machen wir Rast. Ein wunderschönes Städtchen. Überhaupt gehen wir auf dieser Route durch herrliche Dörfer und Städte wie Donauwörth, Nördlingen und Dinkelsbühl. Nur kurz gehen wir in die dem hl. Pilgerapostel Jakobus gewidmete Kirche von Rothenburg. Aber wir müssen auch an diesem Tag noch ein ganzes Stück weiter und kommen abends in Adelshofen an.

Hans klopft bei einem evangelischen Pfarrerehepaar an. Wir bekommen einen schönen Raum zugewiesen, auf dem wir auf dem Fußboden schlafen dürfen. Ein Waschbecken steht uns zur Verfügung zum Frischmachen. Diesmal müssen wir uns unser Essen selber verdienen, das heißt genauer unser Getränk. Der Mann der Pfarrerin, ein Brite, lässt uns die Äpfel selber pressen. Es macht Spaß, den Saft aus der Presse hervorquellen zu sehen. Gemeinsam essen wir bei dem Pfarrerehepaar Abendbrot, und auch diese Übernachtung und Gastfreundschaft ist für uns eine willkommene Abwechslung in unserem Pilgerdasein. Noch lange bis in den Abend hinein unterhalten wir uns sehr angeregt mit dem Pfarrerehepaar. Eigens ausgepresster Apfelsaft schmeckt eben doch besser als gekaufter. Franziskus hat seine Brüder auch angehalten, unterwegs durch der Hände Arbeit etwas beizusteuern. Für den Fall, dass es dann nicht reicht, empfahl er das Betteln. Nur hatten die Brüder bei ihren Wanderungen mehr Zeit als wir Assisi-Pilger, die in 8 Tagen 230 Kilometer zurücklegen wollen.

Mittwoch, 22. September

Langsam nähern wir uns dem Main, das kann man aus der Karte und an der Landschaft schon deutlich erkennen. Wir steuern etwas seitlich der Ortschaft Marktbreit zu, von der wir annehmen, am vorletzten Tag noch aufgenommen zu werden. Die Strecke geradeaus nach Ochsenfurt führt an einer stark befahrenen Landstraße entlang, und den Asphalt wollen wir auf alle Fälle jetzt am Abend als zusätzliche Belastung meiden.
Hans sieht sich um, aber wir können kein Pfarrhaus ausmachen. Oft kommen wir ja in Filialgemeinden, die von einem Pfarrer aus einer Nachbargemeinde betreut werden. So ist es auch hier. Zudem knurrt der Magen und ich sage zu Hans, es wäre gut, wenn wir heute ein kräftiges Abendbrot bekämen. Also gehe ich in eine Gaststätte und frage nach einem Abendessen für zwei Personen, die kein Geld in der Tasche haben. Der Wirt überlegt nicht lange und fragt, ob wir denn auch schon eine Unterkunft hätten. Er erzählt von seinen eigenen Pilgerwegen nach Fulda, an denen er teilgenommen hatte, und weiß, dass Pilger auch ein Dach über dem Kopf brauchen. Wer pilgert, ist religiös motiviert, denke ich. Und religiös motivierte Menschen waren es bisher, die uns in erster Linie geholfen haben.
Ich gehe hinaus und erzähle Hans von unserem Tagesglück. Essen und Übernachtung in einem Hotel, in einer Weinanbau-Gegend mit Tourismus, dazu kostenlos, wo gibt es denn

noch so etwas. Hier geschieht es, die liebende Aufnahme eines Hotelbesitzers. Und was wir zum Abendessen aufgetischt bekommen, es ist mir, wie wenn ich von dem ganzen Ärger mit Matthias, von den ganzen Sorgen ob des Gelingens der 6. Etappe und von den ganzen Strapazen des Weges von Gott jetzt kräftig belohnt werde. Das ist Pilgern. Die Freude im Schmerz, das Gelingen in der Unsicherheit, die Freude in der Enttäuschung. Wie im richtigen Leben.

Donnerstag, 23. September

Auf geht es zum letzten Tag dieser Etappe. Das kommt mir immer vor wie bei der Tour de France die Einfahrt am letzten Tag nach Paris. Bis dahin ist soweit alles „gelaufen", und diese letzte Strecke wird bei den Radfahrern auch gemütlich angegangen. Lediglich beim Endspurt strengen sich alle noch einmal an. Am Ziel ist man aber erst, wenn man angekommen ist. Und da kann auch am letzten Tag noch einiges passieren. Es gilt, auch an diesem Tag wachsam zu bleiben und trotz des gemütlichen „Ganges" aufzupassen. Es herrscht wunderbares sonniges Wetter. Wir sind längst am Main und brauchen uns um die Wegführung keine Gedanken mehr zu machen. Die Karten weisen aus, dass wir diesen Radweg bis Würzburg den Main entlang gehen können. Wunderbare Landschaften wechseln einander ab, Weinberge und der flache Radweg. Erstmals begegnet uns ein Hinweisschild, das die Kilometerzahl bis nach Santiago de Compostela angibt. Also befinden wir uns ein Stück auf dem alten Jakobsweg. Ich fühle mich hineingenommen in die große Pilgerschar vergangener Jahrhunderte. Auch wenn uns kein Pilger begegnet ist, so ist es doch schön, auch zu wissen, dass wir alle unterwegs sind, aufbrechen auf ein Ziel hin. Auf das

Leben übertragen heißt das Ziel die Ewigkeit, das ein für allemal bei Gott Sein. Wie oft haben wir solche Pilgergesänge bei den Aussendungs- und Dankgottesdiensten angestimmt. Unterwegs eigentlich sehr wenig.
Ich sitze bei einer Rast wieder auf einem Stein und denke nach über den Verlauf dieser ungewöhnlichen Strecke mit so vielen Tücken. Von Matthias haben wir nichts mehr gesehen und gehört. Ob er bereits nach Hause gefahren ist? Er sagte mir jedenfalls noch bei der Trennung in Dinkelsbühl, ich solle dem Guardian in Würzburg ausrichten, dass er möglicherweise etwas später ankommen werde.
Zu Mittag verlassen wir den Rad- und Fußweg und gehen in ein kleines Weindorf direkt am Main. Eine kleine Suppe als Kräftigung täte uns jetzt sehr gut, denke ich, lasse Hans zurück und schaue mich nach einer Gaststätte um. Es ist immer gut, wenn man nicht gleich in der Mehrzahl ankommt. Eine junge Frau lädt uns ein zu einer Tasse Suppe. Für jetzt genau das Richtige, und ich gehe wieder zu Hans, der inzwischen Kontakt am Marktplatz mit einem Winzer aufgenommen hat. Hans erzählt mir, wir seien zu einer Weinprobe bei ihm zu Hause eingeladen. Doch zuerst gehen wir zur Gaststätte und lassen uns die Suppe gut schmecken. Dazu wird uns ein Glas Bier gereicht. Heute am letzten Tag wollen wir es mit dem Alkohol nicht so genau nehmen. Dennoch sind wir angehalten, Maß zu halten; denn wir sind ja noch längst nicht am Ziel in Würzburg. Trotzdem gehen wir zu dem Winzer, um die Einladung nicht auszuschlagen. Er erklärt uns seine Weinsorten, und ein bisschen dürfen wir auch an den Probiergläschen nippen. Eine schöne Geste am letzten Tag. Zum Abschied gibt er Hans einen Boxbeutel in die Hand, also eine Flasche Wein.
Was tun mit dem Wein? Immerhin sind dies 3/4 Liter Flüssigkeit und das bedeutet 3/4 Kilogramm zusätzliches Ge-

wicht. Hans bittet mich, ich solle den Wein tragen. „Nein", erwidere ich, „du hast ihn ja bekommen." Wir bekommen jetzt am Ende keinen Streit, aber immerhin bereitet so eine Flasche im Überfluss einige Probleme. Sollen wir sie heute Abend trinken oder mit nach Hause nehmen? Fragen über Fragen. Hätten wir den Wein nicht bekommen, es wäre kein Problem damit aufgetreten. Ich denke an die Überflussgesellschaft, die sich mit überschüssigen Dingen erst Probleme schafft. Also: Hans trägt den Wein die restlichen Kilometer. Er wird es schon schaffen bei dem zusätzlichen Gewicht im Rucksack.

An einer Raststelle möchte Hans noch länger bleiben. Doch ich muss drängen, zumal ich dem Pater im Franziskanerkloster zusagte, dass wir rechtzeitig vor dem Abendessen ankommen. Wir nehmen noch einmal alle Kräfte zusammen und kommen tatsächlich beim Glockengeläut des Domes pünktlich an. Wir gehen in den Dom und es fällt mir wie eine schwere Last von den Schultern, dass diese Etappe letztendlich doch noch gelungen ist. Wir haben viel Grund, Gott zu danken für die wunderbare Führung trotz diverser menschlicher Probleme unter uns.

Vom Dom aus gehen wir zum Franziskanerkloster, und tatsächlich werden wir schon erwartet. Wären wir später gekommen, es hätte sein können, dass wir die Pforte geschlossen vorgefunden hätten. Wir haben zwei Einzelzimmer, und ich muss dem Pater Engelhardt zuerst erklären, dass ein Mitpilger zurückgeblieben und nicht mehr bei uns ist. Wir waren ja zu dritt für die Übernachtung angemeldet. Matthias hat sich bisher auch nicht gemeldet, so die Auskunft des Pater Guardians.

Wir werden sogleich zum Abendessen eingeladen, nachdem wir uns etwas frisch gemacht haben. Was für eine Gastfreundschaft in diesem Kloster! Wie am Morgen in Augsburg werden wir herzlich empfangen und den jungen Novizen vorgestellt, die mit an den Tischen sitzen. Leben mit Ordensnachwuchs, das habe ich selten erlebt. Als der Pater von unserem Unternehmen erzählt, klatschen die jungen Leute, von denen einige aus dem Ostblock kommen. Als der Pater von unserem Bettelweg erzählt, klatschen die Novizen erneut Beifall.

Das tut mir jetzt am Ende der 6. Etappe richtig gut. Was wird doch hierzulande herumdiskutiert, hinterfragt, in Frage gestellt mit skeptischen, manchmal recht vorwurfsvollen Äußerungen ob eines solchen Bettelweges. Da klatschen spontan junge Ordensmänner, sie sind begeistert, dass wir ein derartiges ungewöhnliches Wagnis eingehen. Haben wir diesen Beifall diesmal verdient? Ich glaube nicht. Aber irgendwie sehe ich darin eine Bestätigung, dass Gott durch diese Menschen sagen möchte, dass wir trotz unserer Schwächen auf dem richtigen Weg sind und dass es sich gelohnt hat, durchzuhalten, weiterzugehen, um ans Ziel zu kommen. Ich fühle mich bestätigt und ermutigt. Wenn man es geschafft hat, dann sehen sich die großen Berge voller Enttäuschungen von weitem recht klein an. Wir sind heil und froh angekommen, und das zählt jetzt an diesem Abend. 8 Tage waren wir unterwegs mit 7 Übernachtungen, bettelnd und ohne Absicherung, das ist keine Selbstverständlichkeit, keine Normalität. Das geht nur mit dem Segen und der Gnade Gottes im Einlassen auf seine Führung und Fügung, besonders in der Krise.

Nach dem Abendessen gehe ich hinaus, um von der Telefonzelle nach Hause zu telefonieren. Ich bin erstaunt über Lonis Ruhe und Gelassenheit ob der Turbulenzen dieser Tage. So erfahre ich auch, dass es Matthias noch einige Kilometer versuchte weiterzugehen, aber dann gleich abbrach und nach Hause fuhr. Ich bin beruhigt, dass ihm nichts zugestoßen ist. Helle Freude erfüllt mich, als ich beim Rückweg zum Kloster in der Klosterkirche geistliche Gesänge höre. Ich gehe in die Kirche. Da findet ein meditativer Gottesdienst statt, den ganz junge Menschen gestalten. Sie gehören der Ägidius- Gruppe an, einer geistlichen Gemeinschaft, die von Montag bis Freitag jeden Tag abends hier in der Kirche einen derartigen Gottesdienst anbietet. Ich setze mich in die Bank und lasse mich innerlich fallen in der Ruhe der Gebete und Gesänge. Für den heutigen Tag, für das Ende der Etappe genau der richtige Ausklang. Ich unterhalte mich am Ende des Gottesdienstes mit einer jungen Frau und spüre, dass hier junge, lebendige Kirche aufbricht und neue Wege geht, ähnlich jener Gruppe, die ich auf dem Brenner antraf, bei denen ich übernachten durfte. Ja, die Kirche lebt in diesen jungen Menschen. Sie lebt in den geistlichen Gemeinschaften, in den kleinen Zellen. Das ist unübersehbar. Das macht mich froh und hoffend und zuversichtlich. Auch dass hier im Franziskanerkloster junge Novizen einen ungewöhnlichen geistlichen Weg wagen und ein Zeichen setzen für die Lebendigkeit der alten, fast 2000-jährigen Mutter Kirche.

Freitag, 24. September

Wieder frisch und erholt an Leib und Seele bereite ich mich auf die Abreise mit Hans nach Hause mit dem Zug vor. Wir haben noch Zeit, und ich werde gleich jene Stelle aufsuchen, an der die erste Klosterniederlassung der Franziskaner gestanden hat. Es war nicht einfach, diese Stelle ausfindig zu machen. Die Flasche Wein haben wir am Abend nicht mehr getrunken, sie wird mit nach Hause genommen. Hans will erneut, dass ich sie mitnehme, aber ich bestehe darauf, dass er die Flasche Wein in seinem Rucksack behält.

Würzburg, diese liebenswürdige Stadt, das ist nicht irgend ein Ort. Für mich ist diese Stadt in dreifacher Hinsicht wichtig: Hier entstand ein weiterer Stützpunkt der ersten Brüder der Deutschlandmission von 1221. Jordan berichtet, dass die ersten Brüder am Fest des hl. Andreas ankamen, also am 30. November. Später als wir gestern von der Jahreszeit her. Drei Novizen sind hier dazugestoßen, als Johann von Piano Carpine und Bruder Barnabas hier als Vorhut ankamen. Cäsarius von Speyer kam später nach. Die drei Novizen hießen Rudolf, den man den Namen Andras gab, weil die Italiener seinen Namen nicht aussprechen konnten, dann Hartmut und Rodiger (oder Rüdiger), der spätere Guardian von Halberstadt, der erste geistliche Berater der heiligen Elisabeth von Thüringen in Eisenach und auf der Wartburg. Hier also liegt die Wiege der ersten franziskanischen Berufungen. Alles junge Männer, ähnlich den Novizen von gestern Abend. Würzburg rühmt sich als die erste deutsche Franziskanerniederlassung, und hier fand das dritte Provinzkapitel nach Augsburg und Speyer auf deutschem Boden statt. Von da ab zogen die Brüder nach Thüringen und gründeten weitere Niederlassungen.
Hier in Würzburg fand außerdem 1848 die erste deutsche Bischofsversammlung statt, hier in diesem Franziskanerkonvent. Das geht aus einer Broschüre hervor, die mir gestern Abend der Guardian, Pater Engelbert, schenkte. Heute ist das die Vollversammlung der deutschen Bischöfe, die sich zweimal im Jahr am Grab des hl. Bonifatius in Fulda trifft. Die deutschen Bischöfe waren erst vor drei Monaten im Juni dieses Jahres im Kloster „Himmelpforten" hier in Würzburg versammelt, um über die leidige Frage des Beratungsscheins einen gemeinsamen Modus zu finden gegenüber den Forderungen von Papst Johannes Paul II. Insofern hat unser diesjähriges Pilgerthema erneut brisante Aktualität erhalten.

Und hier von Würzburg führen geistliche Spuren des ersten Bischofs von Würzburg, nämlich Burkhard, bis nach Michelstadt in den Odenwald, meiner jetzigen Wahlheimat. Burkhard, ein Schüler des Bonifatius, wollte in Michelstadt ein Kloster gründen und ist auf dem Weg dorthin am Main gestorben. Noch heute kann man eine Gedenkkapelle aufsuchen und seiner gedenken.
So möchte ich hier in Würzburg diese sechste und vorletzte Etappe des Pilgerweges Assisi – Mainz froh und friedlich und voller Dankbarkeit beenden. Alles hat ein gutes Ende gefunden. Die Spannungen der letzten Tage haben sich aufgelöst, und es ist keine Frage, dass ich im nächsten Jahr, dem Heiligen Jahr, wie geplant, von hier aus die letzte Etappe antreten werde. Jetzt erhole ich mich erst einmal von diesen nicht wenig anstrengenden Tagen. Ich danke meinen Mitpilgern, auch und besonders Matthias, dass sie sich auf dieses Wagnis eingelassen haben. Jeder Mitpilger ist wichtig und ist ein Rädchen im Gefüge der ganzen Strecke, auch wenn einer nur einige Tage mitgegangen ist. Jeden Tag der Mithilfe und Begleitung, der Begegnung und Unterstützung empfinde ich als ein unverdientes Geschenk. Ich habe mir und den Mitpilgern viel abverlangt, auch diesmal. Aber ohne diese Härte und Disziplin wären wir so manches Mal nicht am Teil-Ziel angekommen. Mit dem ersten Test-Weg ist dies immerhin die siebte erfolgreich abgeschlossene Etappe in sieben Jahren. 1992 waren wir schon einmal hier, von Worms aus kommend. Wäre dieser Test-Bettelweg gescheitert, es hätte kein weiterer mehr stattgefunden. Am 25. Juli, dem Festtag des hl. Jakobus des Älteren, sind wir damals in Würzburg angekommen, Friedhelm und ich. Wir nahmen an einem feierlichen Dankgottesdienst teil, bevor uns Loni mit dem Auto abholte. Daran möchte ich mich heute ebenso erinnern, auch an die Menschen, die in irgendeiner Weise im

Hintergrund am Zustandekommen einer Etappe beteiligt sind. Auch den Betern möchte ich danken, die uns mit ihrem Gebet und ihren Gedanken begleitet haben. Dank Dir, großer Gott, für das Geschenk Deiner Gnade. Danke, dass Du uns begleitet und vor Unheil bewahrt hast.

SIEBENTE ETAPPE: WÜRZBURG – MAINZ

Mittwoch, 27. Sept. – Mittwoch, 4. Okt. 2000
ca. 200 km = 7,5 Wandertage

Mittwoch, 27. September

Nach einer gut durchgeschlafenen Nacht im Franziskanerkloster in Würzburg bin ich voller Neugierde, was dieser erste Tag der 7. und letzten Etappe des Pilgerweges Assisi-Mainz bringen wird.
Die erste Überraschung: Der vorgesehene dritte Pilger ist nicht gekommen. Er war noch gestern beim Aussendungsgottesdienst in Rehbach dabei, aber er ließ es offen, ob er noch kommen wird. Familiäre Probleme mussten noch geklärt werden. Schade, denn ich hatte mich so auf seine Teilnahme gefreut. Und was wird mit dem zweiten Pilger sein, der sich über Nacht hoffentlich hier im Kloster eingefunden hat? Bisher sah ich ihn noch nicht, obwohl ich ja auch mit dem Abendzug hier ankam. Aber weil es schon sehr spät war, wurde mir zwar die Klosterpforte wie verabredet aufgemacht, aber ich wollte ihn nicht mehr auf seinem Zimmer stören. Nun, ich bin gespannt, denn es ist das erstemal, dass ich einem Mitpilger zusagte, den ich vorher nicht persönlich kannte. Gerhard Meyer als evangelischer Pfarrer aus Schwerin (Mecklenburg-Vorpommern) hat über die evangelische Pilgerbewegung von meinem „Weg" gehört und wir haben uns bisher nur schriftlich ausgetauscht. Verabredet ist, dass wir uns vor dem Gottesdienst hier im Haus treffen. So gehe ich die Klostertreppe hinunter in die Krypta, in

der der Morgengottesdienst der Franziskanerbrüder stattfindet. Pater Engelbert bat ich, er möge uns am Schluss den Reisesegen erteilen. Was Pfarrer Meyer nicht weiß, dass uns ein Fernsehteam des Bayerischen Rundfunks erwartet. Ich bin erstaunt, dass die Kameraleute schon alles aufgebaut haben, und so begrüße ich gleich alle zusammen, die sich schon eingefunden haben: Pfarrer Meyer und die Leute vom Fernsehen. Vorstellung, kurze Vorbesprechung und schon sind wir mitten in der Eucharistiefeier, an der das Fernsehteam zu meinem Erstaunen mit teilnimmt. Wir sind in Bayern, und da ist doch noch vieles ganz katholisch. Mir ist nur wichtig, dass die aufgebaute Technik nicht stört, und Gott sei Dank werden während der hl. Messe keine Aufnahmen gemacht. Erst beim Pilgersegen und auf dem Weg zur Michaelskirche, der heutigen Seminarkirche des Priesterseminars, werden wir gefilmt. Wir wollen unbedingt diese Kirche aufsuchen; denn hier – an der früheren Agnes-Kirche bzw. dem Agnes-Kloster der Clarissen – befindet sich das franziskanische Urgestein, das Ursprungskloster der Minoriten, die Ende Oktober 1221 ankamen, und hier wurde die Einkleidung der ersten Novizen am 30. November vorgenommen. Hier fand das dritte Provinzkapitel auf deutschem Boden statt, und von hier aus stießen die ersten Brüder nach Mainz und später nach Thüringen vor. Würzburg ist wie Mainz ein Stützpunkt, von wo aus sich der Franziskanerorden binnen kurzer Zeit ausbreitete. Jordan von Giano hat diese Vorgänge hinreichend beschrieben. Wir sind also noch genau auf der franziskanischen Spur. Damals lag die Niederlassung außerhalb der Stadtmauern am Stephanstor, und in der heutigen Seminarkirche sind noch die Fundamente und andere Ausgrabungen zu bewundern.
Leider wird kaum auf dieses franziskanische Urgestein hingewiesen. Man muss schon sehr suchen, bis man da historisch fündig wird. Aber genau hier wollen wir die 7. und letz-

te Etappe beginnen, die uns – so Gott will – in 7 Tagen nach Mainz führen wird. Pilger sprechen sich sehr bald mit dem Vornamen an, und es dauert nicht lange, da haben wir uns bereits arrangiert, Gerhard und ich.
Von der Michaelskapelle gehen wir zum Dom, und auch hier wird das letzte Geld in den Opferstock geworfen. Es wird von der Kamera festgehalten. Ich dachte, dass mit einem kurzen Interview die Fernsehleute wieder weiterziehen würden. So bin ich erneut überrascht, dass sie uns bis zu Mittag begleiten wollen. Wir vereinbaren nach der Wanderkarte außerhalb vom Würzburger Stadtbereich eine Stelle auf einem Parkplatz, den wir nach einem kräftigen Aufstieg bald erreichen werden. Es ist etwas kühl und neblig und ich bin froh über die Regenjacke, in der man allerdings sehr stark schwitzt.
Die Fernsehleute filmen uns beim Wandern, sie sind aufgeschlossen und sensibel für die Intention des Weges und stören uns eigentlich nicht. Mir liegt sehr daran, keine gestellten Aufnahmen zu machen. Lediglich bei der ersten Ortschaft in Eisingen, in der ich an der Haupstraße in einen Metzgerladen gehe und das erstemal um etwas Wurst bettele – es ist bereits Mittagszeit –, da bitte ich darum, dass dies ohne Fernsehpräsenz geschieht. Erst später, nachdem ich etwas zu essen bekam und ich mich mit den Leuten herzlich unterhalte und sie einwilligen, wird diese Szene nachgestellt.
Ist das franziskanisch, sich von einem Fernsehteam filmen zu lassen, oder werden wir hier in einem sehr sensiblen Bereich vorgeführt, bei der Auslassung des Vorgangs angemessener gewesen wäre? Diese Frage muss ich mir zuerst stellen, bevor ich sie gestellt bekomme. Ich kann sie nur mit Ja beantworten, sonst hätte ich einen Filmbeitrag nicht zugelassen. Es werden heute so viele Berichte ausgestrahlt über Klöster, Kirchen und Ordensleute, auch beim Gebet und bei Gottesdiensten, warum soll die Öffentlichkeit nicht etwas

über diese Form eines franziskanischen „Bettelweges“ erfahren? Warum soll das Gute nicht hervorgehoben werden. In der Frage der Wiedergabe von Brutalität und Banalität im Fernsehen sind wir nicht zimperlich. Im Gegenteil, es stört sich niemand daran, wenn sich ein gläubiger Christ einen Krimi oder eine seichte Unterhaltungssendung ansieht. Warum soll nicht berichtet werden, dass die Gebebereitschaft der Menschen weitaus höher ist, als wir sie einschätzen würden. Die Menschen sind nicht so schlecht, wie wir sie bisweilen einstufen. Wir sollten die Fernsehleute ermuntern, positive Beiträge über Kirche und Gesellschaft und Orden zu senden und nicht nur Negativschlagzeilen.
Das Kamerateam ist beeindruckt von unserem Pilgerweg. Wir führen fern jeglicher Effekthascherei gute Gespräche miteinander, wir haben diese drei Männer selbst als überzeugte Christen am Morgen im Gottesdienst erlebt, und wir sind dankbar für die Begleitung dieses halben Tages. Dementsprechend herzlich verabschieden wir uns und gehen weiter. Jetzt gilt es, dass wir, Gerhard und ich, uns erst einmal näher kennen lernen. Schwerin und Mecklenburg-Vorpommern, das ist für mich so weit weg wie Polen oder Südfrankreich. Ehemals zur DDR gehörend, erfahre ich sehr viel von meinem Mitpilger über dieses nordöstliche Bundesland, über die evangelische Kirche in dieser Gegend und über die sehr früh einsetzende Pilgerbewegung mit TeilnehmerInnen-Zahlen bis zu 70 Leuten, die sich jährlich – auch unter einfachen Bedingungen – aufmachen, um den christlichen Glauben auszuloten im „Beten mit den Füßen“.
Ein kroatischer Pfarrer in Neubrunn nimmt uns für die erste Nacht auf, er gibt uns überreichlich zu essen, und wir dürfen uns den Fernsehbeitrag vom gleichen Tag bereits ansehen. Der Beitrag ist zwar sehr kurz ausgefallen, aber wir freuen uns, dass man unserem Pilgerweg lokale Beachtung ge-

schenkt hat. Danke diesem Priester, der seine letzten Vorräte herbeiholt und uns beschenkt hat. Ein Engel in geistlicher Gestalt. Vielleicht ist ihm die Not seines Heimatlandes noch ganz gegenwärtig aus den letzten Jahren der kriegerischen Auseinandersetzungen am Balkan. Menschen, die selber Not gelitten haben, stehen anderen eher in der Not bei wie solche, die im Überfluss schwelgen. Wir sind nicht in Not, sondern einfach bedürftig. Aber auch da spürt man im Geben den Unterschied zwischen Arm und Reich.

Donnerstag, 28. September

Von Würzburg bis wieder an den Main auf direktem Weg gilt es, hügeliges Land zu überwinden. Diese Bergrücken mit ihren Tälern und Schluchten sind nicht minder kräftezehrend. Da ist man schon froh, wenn man in der Nähe von Wertheim wieder an den Main kommt und den Fahrradweg in ebener Strecke entlang gehen darf.
Dennoch habe ich mich mit den Kilometern verkalkuliert. Bei dem Testweg sind wir auch den Main in dieser Gegend umgekehrt entlang gegangen, doch von der Innenseite her, und die war wesentlich kürzer. Jetzt laufen wir sie von der Außenseite, und als ich zu Mittag nach unserem Tagesziel in Freudenberg frage, wird mir gesagt, dass wir noch viele Kilometer zurückzulegen haben. Wir müssen also heute mindestens 8-10 Kilometer mehr zulegen, als wir nach unserer Planung angesetzt haben.
Zwar durchschreiten wir herrliche Landschaften, immer dem Fluss entlang, aber die Beine werden nach 25–30 Kilometern Asphalt doch sehr müde. Gerhard ist älter als ich, aber ein durchtrainierter Pilger. Er läuft wie ein Uhrwerk, und ich freue mich, dass wir wiederum als ein ökumenisches Team unterwegs sind. Mir liegt die Ökumene sehr am Herzen, und

gerade beim Pilgern reduzieren sich die auseinander driftenden theologischen Positionen. Wir sprechen darüber, über die Unterschiede und Gemeinsamkeiten des christlichen Glaubens, aber im Miteinender-Gehen, im Miteinander-Beten und Singen, in der gemeinsamen Herausforderung von Psyche und Physis, im gemeinsamen Anliegen eines franziskanischen geistlichen Unternehmens, da entdeckt man mehr das Gemeinsame, das Verbindende, das Wesentliche, worauf es ankommt. Je größer die Not, umso enger sind Christen zusammengerückt, auch zu Zeiten der ehemaligen DDR.
Wir sind noch fünf Kilometer vor dem Ziel, und meine Beine wollen nicht mehr. So halte ich ein Auto an und lasse mich zur katholischen Pfarrgemeinde nach Freudenberg fahren. Dort haben wir bereits beim Testweg 1992 übernachtet. Dies ist die erste Unterkunft, die ich von zu Hause bereits angefragt habe. Die Sekretärin empfängt mich ganz herzlich. Sie wartete schon und hat das ganze Essen vorbereitet. Dies war auch ein Grund, weshalb ich mich mit dem Auto fahren ließ, um nicht zu spät anzukommen; denn an diesem Tag müsste ich 32 Kilometer, und Gerhard, der bald eintreffen wird, über 35 Kilometer gelaufen sein. Eine schöne Geste: Der PGR-Vorsitzende der Gemeinde und der Pfarrer begrüßen uns als die Assisi-Pilger, und es ist schön, einen derart herzlichen Empfang nach einem langen Wandertag bereitet zu bekommen. Den Schlaf auf dem Fußboden auf der Iso- Matte nimmt man dann gerne in Kauf.

Freitag, 29. September

Auch heute verschenke ich mir keinen einzigen Kilometer. Ich habe den Ehrgeiz, von Assisi bis Mainz in einem durchgehenden Stück ohne Unterbrechung gelaufen zu sein. Die Sekretärin fährt mich in aller Frühe nach dem Frühstück

wieder an jene Stelle fünf Kilometer vor Freudenberg hin, an der ich gestern Abend aufhörte. Ich bin wieder frisch und ausgeruht, und es macht mir nichts aus, dieses Stück nachzuholen. Gerhard wartet in Freudenberg auf mich.
Wir gehen durch Miltenberg immer den Main entlang. Wir müssen nur noch nach den Wegzeichen sehen und können uns nicht mehr verlaufen. Lediglich an der Main-Brücke muss ich Gerhard zurückrufen, denn wir wollen nicht den gleichen Fehler der Main-Außenschleifen machen. Ich erzähle Gerhard, an welcher Stelle ich 1992 mit Friedhelm gerastet habe. Miltenberg ist wie alle diese Main-Städte eine Perle an Natur und Kultur.
Mittagsrast machen wir in der Nähe von Klein-Heubach auf einer Wiese mit einladenden Bänken. Vor uns liegt das Franziskanerkloster auf dem Frauenberg wie eine Trutzburg zur Verteidigung des flach auslaufenden Tales. Es ist von hier aus ganz nahe bis nach Michelstadt über Amorbach durch den Odenwald. Aber da wollen wir ja heute noch nicht hin. Trotzdem fühle ich die heimatlichen Gefilde, und es kommt mir diese Etappe vor wie ein „Heimspiel“. Aber auch Heimspiele kosten Anstrengung. Noch sind wir ja nicht am Endziel. Mich erinnert die heutige Hitze und die Landschaft sehr an Umbrien, an die Gegend um Assisi, fast wie am Trasimenischen See.
Wir erreichen am späten Nachmittag Obernburg, und wenn auch Gerhard heute seinen kritischen dritten Tag hat, so raufen wir uns zusammen, stehen zusammen und sind fest entschlossen, diese letzte Etappe gemeinsam durchzugehen und durchzustehen. Wir legen unsere Rucksäcke in einer Kirche ab, in der wir erst einmal Gott danken für den zurückliegenden Weg. Dann überlegen wir und fragen, wo wir übernachten können. Wir gehen in ein Geschäft und fragen, doch heute findet sich nicht so schnell ein Quartier. Ich muss lange suchen und fragen, bis wir eine Möglichkeit in einem Pfarrzentrum

auf Umwegen über eine Familie finden, weil der Pfarrer nicht erreichbar ist. In die Kirche wieder zurückgekehrt, in der Gerhard wartet, erzählt er mir von einem Mann einer Nachbargemeinde, der nach Hause gefahren ist, um uns etwas zu essen und zu trinken zu holen. Wir warten, bis er kommt. Wir stellen uns Engel immer in weiblicher Gestalt vor. Hier ist es wieder einmal ein männlicher Engel, der uns etwas für den Hunger und den Durst bringt. Aber auch im Pfarrzentrum finden sich – diesmal – weibliche Engel bereit, die uns die Räume aufschließen und uns zum Frühstück einladen.

Samstag, 30. September

Nun sind wir schon den vierten Tag gemeinsam unterwegs, immer dem Main entlang, einem Fluss mit all dem Leben, was sich hier sehr friedlich abspielt: Die vielen Radfahrer, die in beiden Richtungen an uns vorbeifahren, die Fußgänger, die Touristen, die Schiffe, die Fracht und Ausflügler geladen haben. Ja auch die Weinberge jetzt um Klingenberg herum und die Abhänge mit den bizarren Steinformationen, die vielen Vögel. Auch dieser Fluss hat eine Quelle, einen Anfang und ein Ziel. Er mündet in den Ozean, Gleichnis unserer Lebens-Pilgerschaft mit dem Ziel der Ewigkeit, dem Ozean der Auferstehung. Der Fluss bekommt Zulauf, andere kleinere Flüsse gesellen sich dazu. Am Fluss ist Leben, am Fluss ist es nicht langweilig, und wir werden erstmals angesprochen von Leuten, die den Fernsehbeitrag am Mittwochabend gesehen haben. Die Leute freuen sich, dass sie jene Pilger in Wirklichkeit antreffen, die sie erst vor Tagen im Fernsehen sahen. Wir werden in viele Gespräche verwickelt, andere fahren mit uns ein Stück mit. Es sind freundliche Leute, eine friedliche Atmosphäre umgibt diese Flusslandschaft.

Mit Sicherheit sind die Franziskaner hier auch entlang gelaufen von Würzburg nach Mainz. Schiffe gab es damals auch, wenngleich keine von Motor getriebenen. Statt mit dem Auto bewegte man sich mit Pferdestärken und mit Kutschen. Was mögen die Leute damals gedacht haben, als sie die Minderbrüder in ihren Kutten sahen? Benediktiner und Zisterzienser waren ja hinreichend bekannt, die mit dem Esel durch die Lande zogen. Aber jetzt plötzlich diese komischen Kauze mit einer Kapuze, ohne Sandalen, also barfuß und dem dreifach geknoteten Strick? Wir dagegen fallen vermutlich nicht auf, wir sind für die anderen, die uns begegnen, ältere Herren, die mit ihrem Rucksack auf Wanderschaft sind. Wer genauer hinsieht, entdeckt unser Tuch auf dem Rucksack mit dem Satz „Unterwegs zum Licht“ und dem Mittelteil des Pilgerbildes von der Inderin Lucy D'Souza-Krone. Diese Pilgerbilder wurden im Heiligen Jahr, in dem wir uns befinden, von je einem evangelischen Bischof (Zippert aus Marburg) und katholischen Bischof (Dyba aus Fulda) in einem Sendungsgottesdienst im Mai in Marburg gesegnet. Auch unser Originalbild in Rehbach. Dies hier am Rucksack hat eine Studentin, Nina Götz aus dem Odenwald, für uns auf Stoff gemalt. „Von der Sucht zur Sehnsucht“ heißt das diesjährige Pilgerthema. Wir wollen auf die verschiedenen Suchtformen aufmerksam machen, die es als Armut in unserer Gesellschaft gibt. Wer von einer Sucht befallen ist, lebt nicht selbstbestimmend in Freiheit, sondern er wird gelebt. Die breite Palette von Suchtformen ist eine Folge der Konsum- und Spaßgesellschaft. Und meistens sind es soziale und menschliche Defizite, die zu einer Sucht führen. Es reicht nicht aus, die Sucht zu theraphieren, sondern die sozialen Defizite gilt es auszuschalten, soweit dies überhaupt möglich ist.

Offenbar werden einige auf unser Tuch auf dem Rucksack aufmerksam und sprechen uns daraufhin an. Pilgern ist Kommunikation von Mensch zu Mensch, von Mensch zur Natur und

von Mensch und Kultur. Von allem zehren wir hier am Main reichlich. Mit dem Auto ist das so intensiv nicht möglich.
Vor uns liegt majestätisch in seiner ganzen Pracht und Breitseite das Aschaffenburger Schloss. Und unser nächstes Tagesziel ist Mainaschaff direkt am Main. Wir müssen auf das andere Mainufer wechseln, und dort empfängt uns Walter, ein Freud von unserer Familie, der uns mit seiner Frau Moni schon vor einem Jahr einlud, auf dem Pilgerweg bei ihm Halt zu machen. Davon machen wir gerne Gebrauch, von solchen wohlwollenden Angeboten. Walter fährt uns vom Zentrum des Ortes in seine Wohnung. Dort dürfen wir an der Geburtstagsfeier von Moni mit anderen Gästen teilnehmen. Das sind natürlich Bonbons beim Pilgern. Wir lassen uns verwöhnen. Es gibt alles, was das Herz begehrt. Auch dürfen wir in richtigen Betten bei den beiden übernachten und frühstücken. Danke für diese Gastfreundschaft.

Sonntag, 1. Oktober

Es ist Sonntag früh, und wenn die Möglichkeit gegeben ist, dann geht es erst zu einem Gottesdienst. Walter fährt uns bis zur Kirche, und Gerhard, mein Mitpilger, hat sich aus seinem überwiegend evangelischen Gebiet in Mecklenburg-Vorpommern hier in Mainfranken sicher umstellen müssen auf den katholischen Einfluss als evangelischer Pfarrer. Aber ich habe nicht den Eindruck, dass es ihm Schwierigkeiten bereitet, zumal wir mitten in einen Kinder- bzw. Jugendgottesdienst hineinplatzen. Hier erleben wir den hl. Franziskus am dichtesten, seine Botschaft in der reinsten Form. Der zelebrierende Priester war längere Zeit in Kolumbien, und der assistierende Diakon kommt aus Afrika. Für uns eine Wonne, mithören und mitsingen zu dürfen. Eine Gesangsgruppe aus Jugendlichen

und Erwachsenen singt geistliche Lieder engagiert und rhythmisch. Ein Kindergartengruppe macht mit ihren Betreuerinnen mit. Zwei Ordensschwestern sind da. Die Kirche ist voll besetzt. Da lebt Gemeinde, da lebt Glaube. Da steht die Statue des hl. Franziskus nicht nur auf einem erhöhten Podest, man hat ihn vor den Ambo gestellt. Franziskus ist in den Liedern und Gebeten gegenwärtig. Mir geht das Herz auf. Ich bin gerührt. Hier lebt Kirche in allen ihren Gliedern, obwohl uns gesagt wird, dass es früher im Klerus Probleme gab.
Das macht Mut zum Weitergehen. Gestärkt tun wir es auch und sprechen noch lange miteinander über dieses außergewöhnliche Gottesdienst-Ereignis.
Vor Seligenstadt begleitet uns ein Mann einige Kilometer. Er erzählt uns die ganze Geschichte dieser heilsträchtigen Stadt. Wir entdecken auch die Symbole der Wegführung des Einhardsweges, der von Michelstadt hierher führt. Einhard hat damals 828 die Reliquien der Romheiligen Petrus und Marzellinus in einer Translatio hierher gebracht. An dieser Einhards-Basilika dürfen wir nicht vorbeigehen. Hier müssen wir innehalten zum Gebet.
Mit der kleinen Fähre wechseln wir über auf die andere Main-Seite. Wir bekamen bereits vorher etwas Geld dafür. Und jetzt geht es auf der rechten Seite nach Groß-Krotzenburg zu den Franziskanern. Die haben dort ein Kloster und sind am Gymnasium tätig in der Schulseelsorge und mit anderen Aufgaben betraut.
Wie werden wir wieder herzlich aufgenommen! Diese Klöster – gewiss nicht alle – sind Oasen der Gastfreundschaft. Wieder bekommen wir ein richtiges Bett, ein Zimmer, Abendessen und was es bisher nie gab: Wir dürfen nach dem Essen mit den Brüdern an der gemütlichen Runde teilnehmen. Was mir gefällt an den Brüdern, ist ihre Orginalität, ihre Herzlichkeit und Menschlichkeit. Da wird ein Bier getrunken, da wird gescherzt, ge-

lacht, ein besonders gutes geistliches Getränk aus dem letzten Schrank hervorgeholt, da ist nichts steif und gekünstelt, alles ist echt. Und wir haben mehrere solche Klöster auf dem Weg bis hierher erlebt. Wo man uns ablehnte, das war die Ausnahme. Klöster sind Oasen der Lebensfülle in jeder Hinsicht, und es ist eine Armut, wo es sie nicht mehr gibt.

Montag, 2. Oktober

Die katholische Kirche feiert das Schutzengelfest. Predigt und Liturgie sind im Franziskanerkloster in Groß-Krotzenburg darauf abgestimmt. Wir bleiben noch zur heiligen Messe. Der zelebrierende Priester verweist auf S. Maria degli Angeli in Assisi. Dort sind wir am Bahnhof ausgestiegen, wo das Zentrum der franziskanischen Bewegung liegt, das franziskanische Herz schlägt. 1994 war das und nun sind wir schon fast am Ziel. Wir sind immer noch in dieser Spur und haben sie nicht verlassen.
Mir schwant es schon, dass ich heute am Schutzengel-Fest viele Schutzengel benötigen werde. Und so ist es auch: Der erste Engel beschützt uns bereits, als wir entlang des Main-Ufers im Gebüsch landen und nicht weiterkommen. Wir sind am falschen Weg. Also wieder zurück und über die Fußgängerbrücke. Gott sei Dank ist der Umweg nicht groß. Die zweite Situation ist schon gefährlicher. Entlang einem Park bei Hanau kommt ein frei herumlaufender Hund auf mich zu. Ich will mich gerade an einer Mauer in Sicherheit bringen, da dreht er urplötzlich ab. So ein Hundebiss kann den ganzen Pilgerweg zunichte machen. Der dritte Engel bewahrt uns vor einem heftigen Platzregen, der plötzlich einsetzt. Wir befinden uns in der Abkürzung einer kleinen Mainschleife und können uns an einem Haus unterstellen.

Und dann geschieht etwas, was uns auf dem ganzen Weg von Italien bis hierher noch nicht widerfahren ist. Ich habe kein Wasser mehr in der Flasche und so zweigen wir ab vom Main-Fahrradweg. Ich frage einen jüngeren Mann von der Straße dicht vor mir am Fenster nach ganz normalem Wasser. Er schaut mich kurz verduzt an und sagt: Ich habe jetzt keine Zeit und verschwindet hinter dem Vorhang. Gleich daneben in der Häuserzeile frage ich einen anderen Mann am Fenster nach einem Schluck Wasser. Ohne jegliche Begründung lehnt auch er ab. Ich bin wie versteinert. Wir befinden uns in Hessen, meiner Heimatregion. Ausgerechnet hier bekomme ich nicht einmal Wasser. Wir sind bis hierher über 1000 Kilometer gegangen, aber Wasser hat uns immer jemand gegeben. Erst später nach einigen Kilometern komme ich dahinter, dass es wohl so kommen musste, damit ich auf dem Pilgerweg auch diese Hilfe zu schätzen weiß. Es ist also nicht selbstverständlich, dass einem jemand einen Schluck Wasser gibt. Und später bekomme ich ja auch wieder Wasser, ohne das ein Wanderer nicht auskommt.
Wir nähern uns Frankfurt, dem Rhein-Main-Ballungsraum. Das merkt man auch an den Flugzeugen, die immer tiefer über uns Richtung Flughafen zur Landung ansetzen. Das merkt man vor allem an den Bank-Tempeln der Main-Metropole. Wie bizarre Lego-Steine türmen sie sich auf. Die Kirchen daneben wirken dagegen ganz klein und winzig. Das Geld und das Kapital hat ja auch den Glauben weitgehend verdrängt und klein gehalten. Obwohl in Frankfurt durch die Kirchen sehr viel geschieht, dominiert doch das Geschäft, der Aktienhandel, der Markt und die Reizüberflutung der modernen Großtädte das Geschehen und lässt die Menschen innerlich leer werden. Wenn ich Gespräche und Nachrichten höre, da ist fast nur noch vom Geld die Rede: Was etwas kostet, wo man billig etwas bekommt, die Schnäppchen und die

Sonderangebote und die Werbung füllen die Gehirne auch vieler Christen. Spiritualität, Kontemplation, Stille und Lebenssinn in der Ausrichtung nach Gottes Geboten bleiben weitgehend auf der Strecke. Trotzdem ist die Liebfrauenkirche nahe der Zeil täglich voll. Die Menschen haben Sehnsucht nach etwas Höherem, Sinnvollerem, Glücklicherem außerhalb der Unersättlichkeit, der Süchte unserer Zeit.
Also gehen wir weiter, die Assisi-Pilger, die wir einen anderen Lebensstil ausprobieren, das Leben der Einfachheit nach dem Vorbild des Franz von Assisi, sowie die Reduktion der schnellen Fortbewegung auf die Langsamkeit des Gehens im Pilgern als Ausdruck spiritueller Erfahrung.
Mitten am Main-Kai spricht uns eine Frau an aufgrund unserer Rucksackaufschrift. Sie erzählt von Pilgerwegen, die sie schon gegangen ist, sogar bis nach Walldürn im Odenwald. Und dann schwärmt sie von den Pilgerwegen in Mecklenburg-Vorpommern. Ich verweise sie gleich an Gerhard, und es dauert nicht lange, da umarmen sich die beiden voller Freude, als sie feststellt, dass beide schon zusammen auf so einem Weg waren. Nein, das ist wirklich kein Zufall, sondern Gottes Fügung. In diesem großen Frankfurt treffen sich Pilgerleute, die sich einander kennen und schon nach kurzer Zeit erkennen. Die Frau lädt uns ein zum Abendbrot und zum Übernachten. Aber wir haben bei der katholischen Pfarrgemeinde der „Mutter vom Guten Rat“ von zu Hause angefragt, und es wurde uns das Quartier zugesagt. Die Kapuziner in Liebfrauen konnten uns nicht aufnehmen wegen Platzmangel. Wir sind nicht mehr weit weg vom Pfarrzentrum und so sagen wir zu zum Frühstück am morgigen Tag.
Im Pfarrzentrum angekommen, beenden junge Frauen gerade eine kleine Feier und sie übergeben uns den Restkuchen und Getränke. So löst sich wieder einmal alles wunderbar auf. In solchen Städten wie Frankfurt Übernachtung und

Essen zu bekommen, da scheue ich davor anzufangen. Alles ist so anonym, und je dichter und zahlreicher die Menschen zusammenleben, umso unpersönlicher ist das Nebeneinander. Keiner nimmt den anderen mehr wahr. Kein Gruß, kein Lächeln, kein Gespräch. Da ist es schon eine Wohltat, so eine Pilgerfrau zu treffen, die zumindest einen von uns kennt.

Dienstag, 3. Oktober

Wir bedanken uns beim Pfarrer für die freundliche Aufnahme in seinem Pfarrzentrum, gehen zum Frühstück zur Pilgerfrau und sehen zu, dass wir wieder auf den Main-Radweg in der Nähe des Klinikums in Sachsenhausen kommen. Es ist Feiertag, der „Tag der deutschen Einheit", der 3. Oktober, und uns trennt nur noch ein Tag vom Gesamt-Ziel. Viele Fahrräder fahren an uns vorbei, viele Menschen sind unterwegs, und wie an keinem Tag zuvor werden wir beide in seelsorgliche Gespräche verwickelt. Es ist ein sonniger Tag. Gerhard widmet sich zwei Frauen, die familiäre Probleme haben. Neben mir fährt eine Frau mit dem Fahrrad, die von mir einen Rat haben will, wie es mit ihrer Ehe weitergehen soll. Sie schildert mir ihre ganzen Eheprobleme. Wir können nicht allen Anliegen gerecht werden, aber dass wir am Ende des Pilgerweges anderen helfen können durch einfaches Zuhören, durch ein liebes Wort, durch Verständnis und durch unser Unternehmen „Pilgerweg", das hätte ich nicht gedacht. Aber wir haben ja Zeit, wir lassen uns Zeit, es drängt nichts mehr, wir brauchen heute nur noch bis Flörsheim zu kommen.
Wegen der Gespräche mit anderen Leuten müssen wir beide aufpassen, dass wir uns nicht aus den Augen verlieren. Genau genommen ist ja heute auch der Todestag des hl. Franziskus. Wegen der mittelalterlichen (Julianischen) Kalenderverschiebung wird der Heiligentag am 4. Oktober begangen.

In Flörsheim steuern wir zielbewusst zur katholischen Pfarrgemeinde in der Stadtmitte, bei der ich von zu Hause angefragt hatte für eine Übernachtung. Der letzten auf dem ganzen Weg. Eine Gemeindereferentin sagte mir zu. Diese Gemeindereferentinnen leisten heute auch einen enormen Dienst neben dem Pfarrer, der uns den Schlüssel vom Pfarrzentrum in den Kellerräumen aushändigt.
Ich habe einen Bärenhunger und sehe mich um, wo wir etwas zu essen bekommen könnten. Gerhard bleibt am Mainufer dieser romantischen Stadt, deren Bewohner leider von den Starts und Landungen der Flugzeuge arg heimgesucht werden. In einem jugoslawischen Lokal am Strandufer frage ich nach etwas Abendessen. Mir wird nahegelegt, den Pass vorzuzeigen. Zunächst gehe ich auch darauf ein und hole meinen Personalausweis, aber als der Wirt erneut Schwierigkeiten macht, gehe ich wieder aus dem Lokal heraus. Nahe der Kirche frage ich in einem italienischen Lokal und erwähne, dass wir zu zweit sind und erst später kommen werden, weil wir noch zum Gottesdienst wollen. Freundlich und ohne Pass bekomme ich die Zusage zum Abendessen.
Und jetzt sitzen wir in der Kirche, der evangelische Pfarrer aus Mecklenburg-Vorpommern, der ehemaligen DDR, und ich als der katholische Diakon aus einem alten Bundesland wie Hessen. Und das alles am „Tag der deutschen Einheit". Wir beten um doppelte Einheit, die der christlichen Konfessionen und die des inneren Zusammenwachsens unseres Landes, was längst nicht vollzogen ist. Zum Schluss stimmt der Organist das Deutschlandlied an. Ich bin nicht sonderlich patriotisch eingestellt, zumal ich die Nationalhymne noch nie bei einer Eucharistiefeier gehört habe, aber an diesem Tag und zu diesem Anlass singe ich aus voller Kehle mit. Das „Großer Gott, wir loben dich" füge ich ich in aller Stille hinzu.
Nach dem Gottesdienst gehen wir in das italienische Lokal

und es ist wie so oft in Mittelitalien. Wir bekommen reichlich zu essen und zu trinken, Pizza und Wein ohne Bezahlung. Jetzt schließt sich für mich wieder der Kreis mit Franziskus, mit Italien, mit Umbrien und den anderen wunderschönen Gegenden, die wir durchwandert sind. Italien mitten unter uns. Italien am Anfang, Italien, das Land des Francesco, am Ende des Pilgerweges. Ich bin bei bester Laune.

Mittwoch, 4. Oktober

Beim Pfarrer der Gemeinde geben wir den Schlüssel ab, und vor uns liegt der letzte Tag, die letzte Etappe. Was für ein erhebendes Gefühl. Dazu sind nur noch wenige Kilometer, ich denke höchstens 15, zu laufen.
Wir verlassen Flörsheim, diese wunderschöne Stadt am Main, und Mainz ist schon greifbar nahe, da werden wir auf einmal leichtsinnig. Die seitlichen Weinberge laden ein, sich einige Trauben zu Gemüte zu führen. Wir hätten sie nicht mehr gebraucht. Und weil sie kräftig gespritzt sind, bekomme ich kurze Zeit darauf Durchfall. Das erstemal auf der gesamten Strecke von über 1 300 Kilometern. Es war nicht schlimm, aber trotzdem hätte ich mir diese Unpässlichkeit ersparen können.
Nach wenigen Stunden taucht Mainz vor uns auf, meine Bischofsstadt, für die Franziskaner 1221 vorläufige Endstation ihrer Mission. Majestätisch überschreiten wir die große Brücke, die es schon in Holzbauweise zu Römerzeiten gab und über die die Minderbrüder auch gegangen sein müssen.
In Mainz kenne ich mich gut aus, dort habe ich im Priesterseminar Theologie studiert und im Hohen Dom wurde ich 1973 zum Diakon geweiht.
Unser Weg führt uns zuerst in diesen Dom. Wir durchschreiten 7 Minuten vor 13.00 Uhr das Portal. Es ist geschafft. Das

Ziel ist erreicht. Der schönste Augenblick eines Pilgers. Wir setzen uns in Stille in die Bank, und es gibt nur ein Wort, das man Gott entgegenbringen kann, nämlich „Danke" zu sagen. Vom Dom gehen wir zur „Alten Universität", an jene Stelle, an der die erste Franziskanerniederlassung gestanden hat. Davon ist kaum mehr etwas zu sehen. Auch die Jesuiten hatten lange Zeit an dieser Stelle ihr Kloster. Gutenberg fand darin seine Ruhestätte. Auch hier verweilen wir in Stille vor der Gedenktafel.

Von hier aus ziehen wir weiter und geben unsere Rücksäcke am Institut für Kirchenmusik ab. In der Antoniuskapelle wollen wir später einen Dankgottesdienst feiern. Günther als Medienbeauftragter der Diözese, ein Freund von uns, wartet schon auf uns Pilger. Er fährt uns zu einem Interview des Südwest-Rundfunks in das Aufnahmestudio. Günther war am Anfang in Langen bei der ersten Etappe 1994 mit einer Rundfunkaufnahme dabei. Es ist schön, dass er heute ebenso einen Bericht zusammenstellt. Er fährt uns wieder in die Innenstadt, in der Loni und Pfarrer Kratz, unser Priesterfreund, der den Dankgottesdienst zelebrieren wird, mir entgegenkommen. Vor allem Loni, die viel in all den Jahren entbehren musste, ist froh, dass wir wieder heil und guten Mutes angekommen sind. So langsam treffen auch alle anderen ein, die mit uns Dank feiern wollen. Auch der Franziskanerpater Christian, der mitfeiern wird, und der Distriktvorsteher des Dritten Ordens, Joachim Kessler, der eigentlich mitgehen wollte, war gekommen.

Es ist ein intensiver Gottesdienst, und ich spüre ganz deutlich, wie viele Menschen dieser Pilgerweg mitgetragen haben. Ihnen allen gilt mein Dank und vor allem den vielen Menschen auf dieser Etappe, die uns etwas gaben. Ich bin überglücklich, denn es war ein Unternehmen, das einige Male auf der Kippe stand. Aber mit Gottes Hilfe und seiner Führung sind wir heil und gesund wieder angekommen.

Keine Krankheit auf den sieben Etappen, kein Unfall, kein Zwischenfall, keine materielle Not, kein Abbruch meinerseits, dies alles war eine Folge der geistlichen Verfasstheit über acht Etappen (einschließlich dem Testweg) in acht Jahren, einer langen Zeit. Dieses geistliche Ziel im Rucksack erreicht zu haben und als Pilger, Franziskaner und Bettler angekommen zu sein, dies ist mehr als die sicher große physische Leistung. Aber das eine ist die Folge des anderen.
Nun gilt es, das Ende als Anfang zu verstehen für die Verkündigung Gottes in einem neuen Lebensstil im christlich- franziskanischen Geist und in der Verwirklichung des Alltags wie im Festtag, im Beruf wie in der Freizeit, in der Familie und als Kirche. Der Pilgerweg wird sich auswirken auf die kommende Zeit. Er ist Gleichnis für das irdische Leben und der Pilgerschaft über den Tod hinaus im Glauben an die Auferstehung.
Das war keine Wüstenrallye, sondern ein geistliches Lebenswerk, das man nur einmal in dieser Form verwirklichen kann. Ich werde oft gefragt, ob ich noch einmal den „Camino“ gehen werde, den Pilgerweg nach Santiago de Compostela. Diese Frage habe ich stets verneint. Auch Pilgern kann zur Sucht werden. Und davor möchte ich mich bewahren. Es gäbe noch viele und andere Ziele, die verlockend wären. Dieses einmalige Ziel habe ich erreicht. Es ist für mich unüberbietbar. Auch beim Pilgern gilt: Weniger ist Mehr.
Als die Franziskaner in Deutschland ankamen, haben sie es als ihre vordringliche Aufgabe angesehen, Kunde zu geben von der frohmachenden Botschaft des geheimnisvollen Gottes nach dem Evangelium Jesu Christi. Wenn ich ein Stück von dem Schwung der ersten Franziskusbrüder umsetzen kann, dann war dieser Pilgerweg nicht vergeblich.